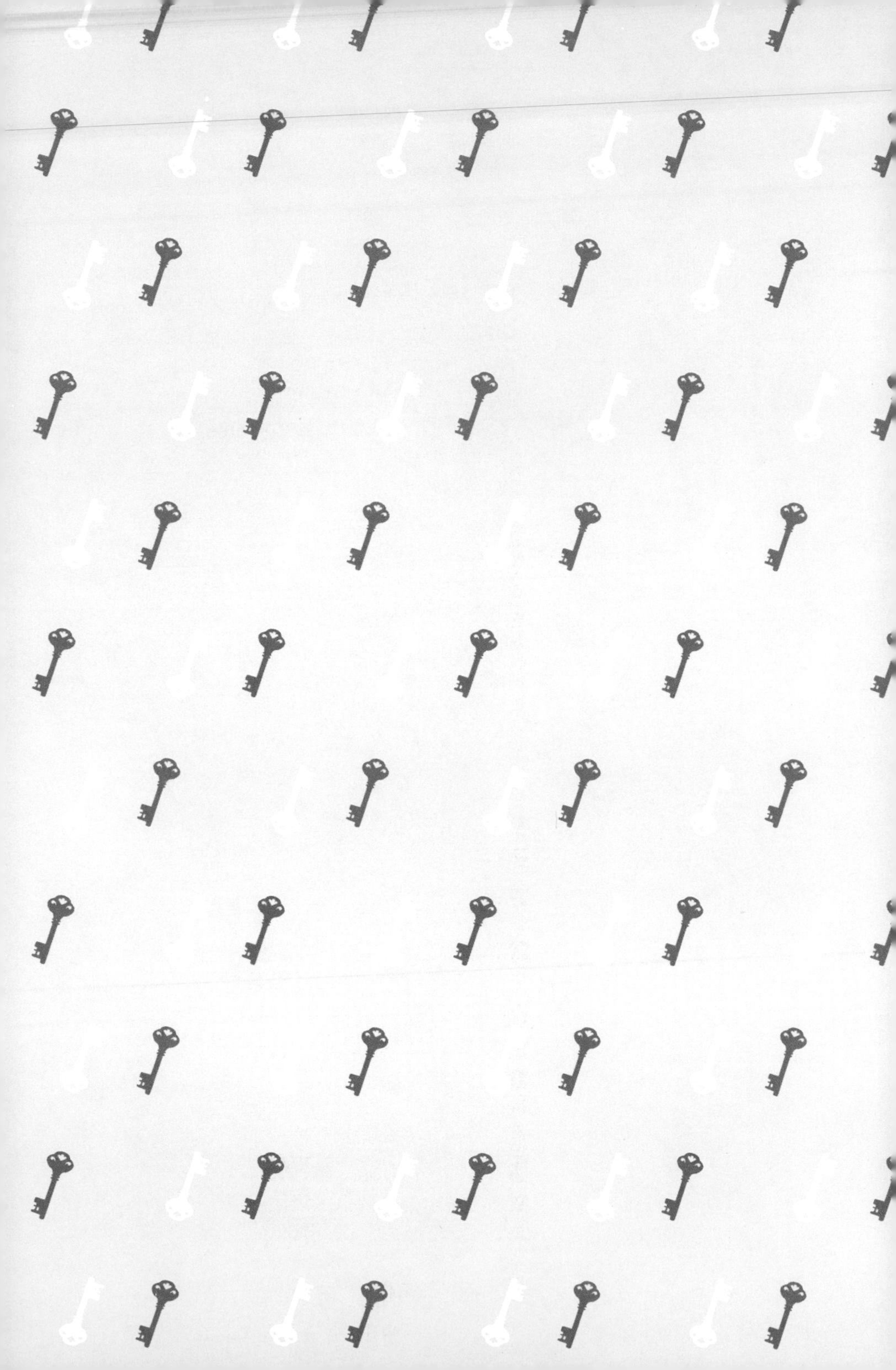

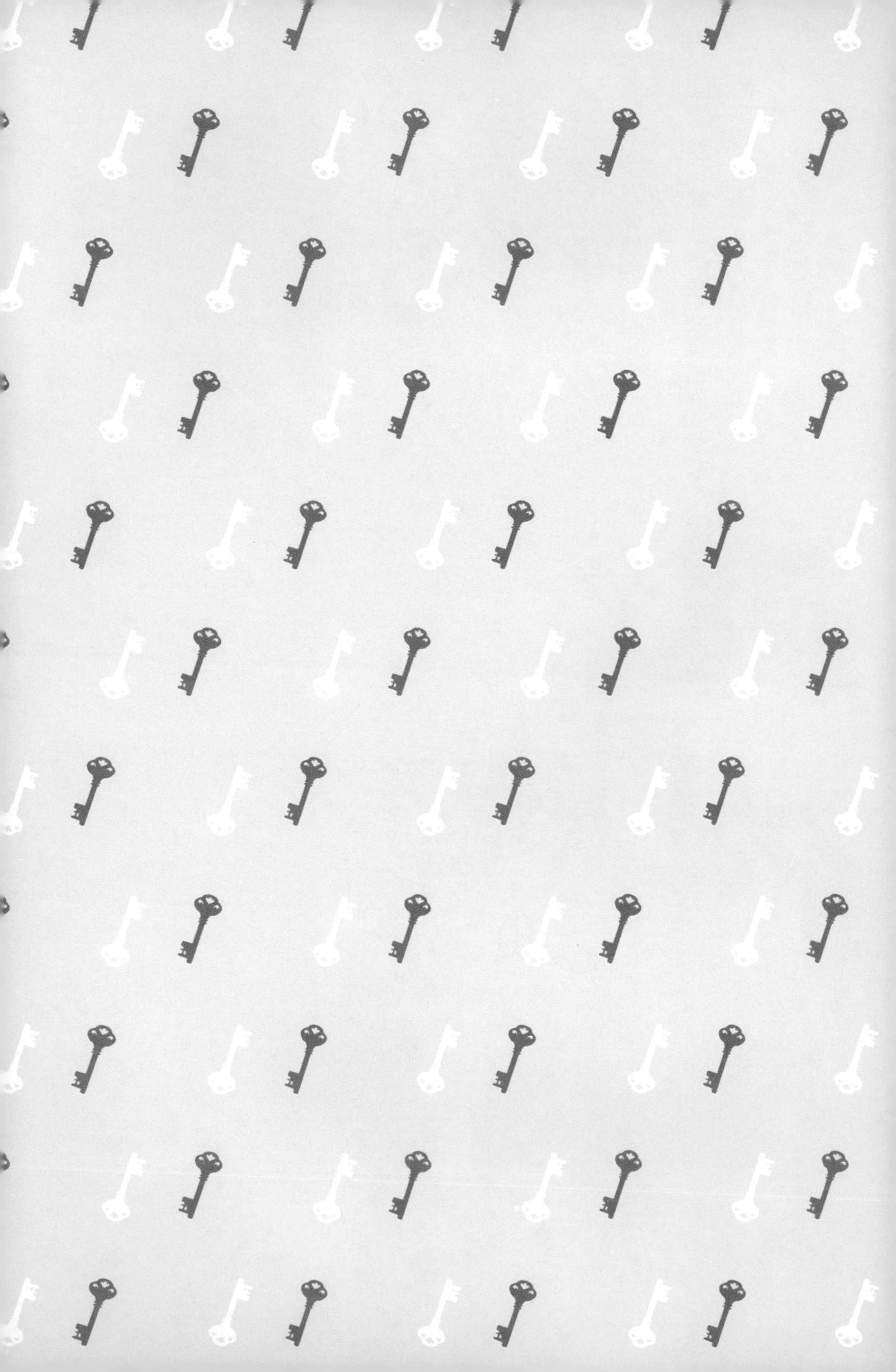

解開人生困惑的30把鑰匙

台大哲學系教授
傅佩榮◎著

自序

在困惑中覺醒

◎傅佩榮

面對人生的難題時，我們需要的不是簡單的答案，而是思考的方法。唯有學會方法，我們才能做到莊子所謂的「得其環中，以應無窮」。把握了一個圓環的中央，不論外在的挑戰千變萬化，你都可以從容應付。

人生的中央之地是「在內不在外」，「在己不在人」。因此，幸福人生的祕密並不複雜，就是從認識自己到修養自己，從鼓勵自己到肯定自己。我雖然連續說了幾個「自己」，但目的都是要超越自己的局限，敞開心胸以關懷人群、眾生、宇宙與歷史。

「學生」的本意是「學習生活」，不僅要了解生活的基本內容，更要知道生命的深層價值。價值是等待我們去實現的，是我們終究要碰到的考驗與抉擇。在揚帆出發、航向人生的海洋時，我們都是「學生」，也都必須認真思索一系列難題。如：人生有什麼意義？我，要何去何從？怎麼看死亡和自殺？怎樣的愛才是真愛？一切都是命中注定嗎？我需要宗教嗎？

自有人類以來，這些難題從未褪色。它們沒有流不流行的困擾，因為避開它們，無異於錯過了真正的自己。我長期探討人生哲理，認真反思了這些難題。我的心得或許可以作為年輕朋友的參考，一起品味在困惑中覺醒的樂趣。

目錄

contents

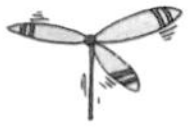

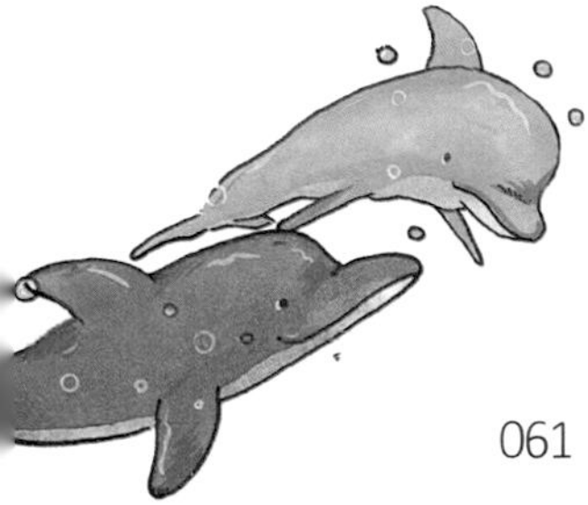

2 我，要何去何從？ 034

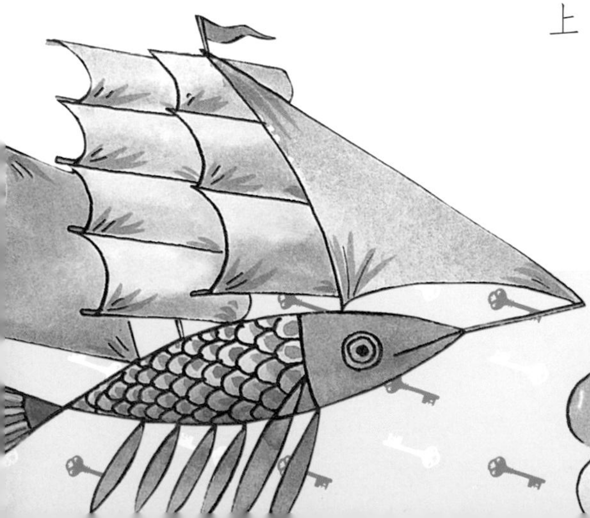

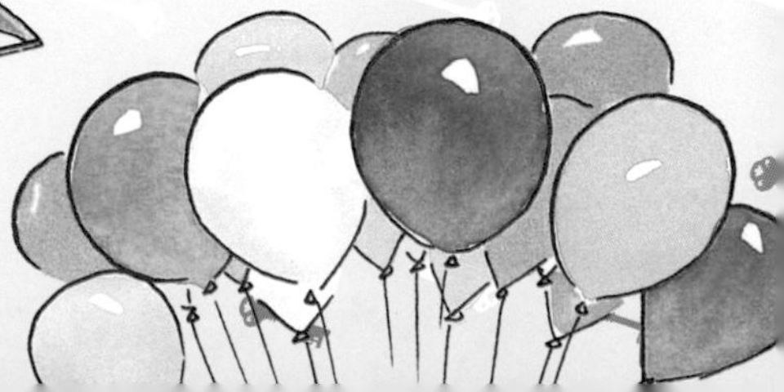

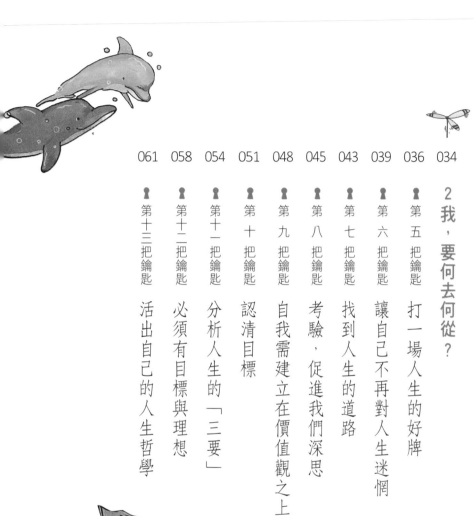

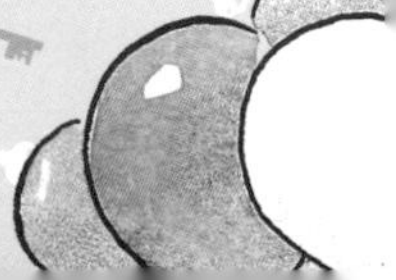

1 人生有什麼意義？

第一把鑰匙

青春，也可不憂鬱

一位中學生問我：如果升學是人生的唯一目標，活著還有什麼意思？的確，念不完的書，考不完的試，除了升學還是升學，這樣的日子實在乏味。那麼我們能否苦中作樂呢？

在生命的旅程中，升學當然不是唯一的目標。問題是：為什麼要升學？年輕朋友會說，這是父母的願望與社會的壓力。不錯，那麼你自己的看法呢？升學的目的是學習更高的知識與技能；但是，你喜歡學習嗎？如果答案是否定的，我會建議採取以下兩種生活態度。

首先，使學習成為樂趣，或者在學習中發現樂趣。暫且撇開考試壓力，翻開課本來看，我們會發現人類歷史的進展高潮迭起，世界地理各有風貌，國文的精選教材可以琅琅上口，自然教材帶領我們面對微觀世界與宏觀世界，此外數學的公式雖然繁多，解題的欣喜卻獨一無二。就算認定自己不是念書的料子，那麼何不試試美術或者音樂，說不定在音樂、藝術上很有天分。如果對這些都沒興趣，那麼至少還可以在「德育」方面下功夫，良好的修養不僅可以促進心靈成長，也有助於拓展溫馨和睦的人際關係。

其次，要在學習之外，培養自己的嗜好及娛樂。我在國二時曾經迷上象棋，只要有空就翻棋譜，擺殘局，到處找人挑戰。假日上街時，看到路邊有人下棋，就忘了回家。功課難免受影響，但是心靈所需要的幻想、冒險，競爭、

致勝，都得到很大的滿足，尤其還激發一種綜觀全局的氣勢，並養成邏輯推理的習慣，更是原先所不曾預料的。另外，我也曾集郵，藉此機會交了不少朋友。這些嗜好在我的學習過程中，扮演了重要角色，使我相信，不論外在壓力有多大，我們都可以自得其樂。

如果採取以上兩種生活態度，我想年輕的生命是不會留下空白的，甚至可改變我們看待「學習」的態度，或許不會再令我們否定人生的意義了。

人終究要問：我這一生是為了什麼？

重要的不是活著，而是了解為什麼活著。

「熱愛生命，追求成功」是每一個人的希望。然而，什麼是生命的意義？如何才算是真正的成功？生命決不能像表面所見的：「生命如太陽，升起又落下」，否則一切努力豈不歸於徒然？

人生難免一死，但是死亡本身不是壞事。印度詩哲泰戈爾（Tagore）說得好：「死的印記，給生命的錢幣以價值，使人能夠用生命去購買那真正的寶物。」

如果善用生命，就能化解人間仇怨，點燃愛的火炬，使和平溫馨的祝福洋溢大地。如此，即使面對死亡，我們也有信心高唱凱旋之歌，這才是熱愛生命。

第二把鑰匙

不看結局，只看過程

人生的終點是死亡，那麼活著時候的所作所為，又有何意義呢？人生最後一定會死，那麼活著時候的所作所為和做什麼與不做什麼，有什麼意義呢？意義在於，是不是我做的！同樣一件事情，別人做跟我做不一樣。別人做的話，對我來說恐怕毫無意義；但對自己來說，是有其意義的。為了使它有意義，必須清楚的知道：這是我做的，是我願意做的。

人生中有所謂「能夠做的」、「應該做的」與「願意做的」。仔細思索其中的內涵，就會發現生命不再是量的累積，不是自己活得多久，或是做了多少事情；而是所做的每一件事情是否都真正是自己要做的，是否不是其他人可以取代的。

雖然人最後一定會死，而且不知道什麼時候會死，但是在生命的過程裡面，由於自身的態度，可以使得自己做某件事或不做某件事，以及如何做某件事都變得有意義。

若對自己有意義，那麼對別人有沒有意義呢？我們不能忘記，任何一個人的行動，都不只是發乎自己，到自己為止，而是從自己開始，在別人身上產生效果，再回到自己身上的。我們清楚知道自己在做選擇，會願意為這個行動負責；甚至做了之後一定會對別人，或者對整個社會甚至人

類，有某種相應的影響，最後這影響回應到自己後，才使事情完成，怎麼能說沒有意義呢？

人生是一個試圖解開密碼的過程。掌握線索，得到鑰匙，解開了密碼，整個人生就會豁然開朗。

人生像一本空白的書，你可以任意寫出自己的生命歷程。

第三把鑰匙

用理性的角度看人生

從生命初起時，人便面臨一連串的困惑，因此必須不斷學習和成長。如果我們終究無法明瞭人之所以為人的道理，以及弄清楚：我現在正在做什麼？我應該做什麼？我能夠做什麼？那麼這樣的人生便無境界可言，也談不上價值取向與終極目標。如此，只是為了活著而活著，實在有愧於上天賦予我們生而為人的尊嚴。

什麼是人生？這個問題沒有人會不感興趣。

一首法國童謠說：「當我還是個小女孩時，曾經問我媽媽：將來的我會是什麼樣子？我會很漂亮嗎？我會很有錢嗎？媽媽回答說：不管將來怎麼樣，該來的就來了，我們是看不到未來的。」

「該來的就來了。」是個親切而實際的答案。但是隨著年齡的增長，年輕的心靈也逐漸體驗到人生的深邃面。所謂「不曾終夜痛哭者，不足以語人生。」為何痛哭？為情感嗎？為理想嗎？為國家嗎？為人類嗎？

「前不見古人，後不見來者，念天地之悠悠，獨愴然而涕下。」陳子昂這幾句詩正是尋求人生意義時所發出的感嘆。

出自感懷人生而落的淚，如何尋得安慰呢？找文學家嗎？「浮生若夢，為歡幾何？」恐怕再增哀愁。找哲學家嗎？「哲學即死亡之練習」，「人是走向死亡的存有者。」找宗教家嗎？「苦海無邊，回頭是岸！」然而，理解人生並不是要逃避人生、消解人生或擺脫人生；理解人生必須正視人生。

非洲土人手執長矛趨近一面鏡子，看清楚鏡內人物之後立即將它擊得粉碎。「他想殺我，所以我先殺了他。」人生就像一面鏡子，你帶著敵意去看它，則滿街都是敵人，防不勝防，也不堪其苦；若帶著善意去看人生，則能平添幾許歡樂的氣氛。

然而，人生並不是光靠一廂情願的主觀心態就可以解決問題的。因為鏡子所映照的還有許許多多的人物和形形色色的大千世界。人生像個萬花筒，每一次看的結果都不同。人生像一本空白的書，你可以任意寫出自己的生命歷程。人生像一扇門，每一次打開都會帶給你驚訝。何況世界充滿驚訝，人的存在本身就是最值得驚訝的！

宇宙的奧祕廣大無邊，連牛頓也自承是沙灘上拾貝殼的小孩；人生的奧祕深刻無比，連蘇格拉底也自承「無知之外，別無所知」。我們一般人又何嘗例外！看來人生確是「如人飲水，冷暖自知」。試圖理解人生，或許難免事倍功半，但每一個人都要對自己的人生負責，因為人有選擇的能力與權利。每作一次選擇，就是給人生添上一筆墨彩，

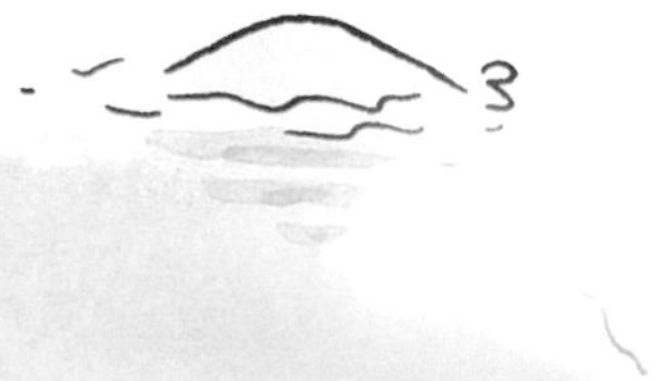

久而久之，輪廓漸漸鮮明：是一幅不著邊際的寫意小品？還是一幅瑰麗耀目的山河大地？每一個人都需在有限的框架中彩繪人生的畫布，最終將呈現什麼樣貌，取決於我們如何落筆。

基督徒保羅在臨死前曾說：「應跑的路程我已跑完，只剩下領受正義的榮冠。」人生的確是像賽跑，但是一個人應跑的路程是什麼？他在發現自身命運的同時，如何去領悟此生的使命呢？認清目標，努力不懈勇往直前，是一種人生態度；但是，我們是否可以不把「跑」看得太嚴肅，也就是培養一種生命情調，偶爾表現道家那種超脫不執著的意境？

如果一個人「為了一個目標而跑」，那麼在未達目標之前，很容易忽略整個過程，等達到目標之後，往往會有得不償失之感。如果能夠改變心態，把「跑」本身當作一種樂趣，然後注視現實生命的當下處境，領略「萬物靜觀皆自得」的興味，也許就會覺得人生之賽跑並非苦事，反而是一大樂事了。

第四把鑰匙

找到人生意義的三種途徑

心理學家佛朗克（V. Frankl, 1905～1997）發展出一套新的理論，稱為「意義治療法」，主張人的一切行動都是為了追求意義。有意義，再苦也撐得下去；無意義，則萬念俱灰，甚至走上自殺的不歸路。

依佛朗克所見，可以經由三種途徑找到人生意義：

一、有事可以做

「有事可以做」，表示不會無聊。所做的事，不論是自己選擇的或別人要求的，都具有某種意義。即使是平常的上學、上班或操持家務，都是在做事。事無所謂大小，重要的是「我」在做。

反過來看，「沒事可以做」就是一個危機了。周休假期或長假期間，有些人沒事找事，違害公序良俗，也使自己陷於困境中；有些人因此覺得人生乏味，卻不知道如何打開僵局。可見得，「有事可以做」是值得安慰的。如果進而發揮創意，想些點子來改變自己經常在做的事，或者主動參與一些新奇的活動，增添生活的趣味，都是把握意義的具體方法。

二、有人可以關心

「有人可以互相關心」，這是屬於情感上的交流活動，包含了正在進行的部分，以及凝聚為珍貴回憶的部分。生命是完整的，即使一時覺得孤單，也不能就此抹殺其意義。這個世界是充滿溫情的，只要給自己機會，並且敞開心靈，一定可以找到互相關心的人。

通常我們在愛一個人的時候，會覺得生命特別充實。兩性之間的戀愛是其中的典型。「問世間情為何物？直教人生死相許。」這句名言顯示了

愛情可以使人為之生、為之死。不過，愛得愈深刻也愈危險，愛情的打擊會讓人灰心喪志，甚至失去活下去的勇氣。

這個時候，必須擴大「互相關心」的範圍，最好加入親情與友情。親情是最自然也最穩定的，但它的致命傷是：（一）親子雙方都認為情感乃理所當然，因而不知珍惜；（二）其中夾雜了世俗的功利觀念，造成彼此關係的緊張。譬如，父母責怪子女不夠上進，子女抱怨父母不夠成功。

親情是緣於命定，友情則須靠自己的選擇。如果在交朋友方面出了問題，首先就該檢討自己。朋友貴在真誠相待，患難中互相扶持，得意時互相祝福。情感在經歷不同的時空環境後，不可能一成不變，但是，「凡走過的，必留下足跡」，只待我們仔細品味。由此看來，人生意義應該是不虞匱乏的。

三、有遭遇必須承受

「有遭遇必須承受」，這是最具挑戰性的一關。所謂「必須承受」，是指一種負面的處境是我無法逃避的。既然是逆境，又何來意義呢？這正是佛朗克學說的重點所在。我們常說，「人生不如意，十常八九」，表示心想事成根本是無稽之談，處處碰壁反而是比較合乎實情的。如果這是客觀的狀況，我們應該學會理解並且調整心態。

人類命運有所謂的「悲劇三合一」：痛苦、罪惡與死亡。這三者形成一個整體，沒有人可以逃避。以痛苦而言，生理上的疾病與衰老，心理上的孤獨與落寞，人際之間的誤會與怨憎，怎能完全化解呢？以罪惡而言，人類在言行上的互相傷害，社會上的不公不義，戰爭所製造的血統、種族、信仰方面的仇恨與暴行，幾乎從未停止。最後，還有死亡等待著吞噬一切生命，使人面對虛無的深淵。如果結局

是虛無，那麼又有何意義呢？

如果這是人類共同的遭遇，我們除了承受之外，還能做什麼？我們可以採取合宜的態度與立場。譬如，建立一種觀念，肯定「人的能力不在於他可以得到什麼，而在於他可以承受失去什麼」。畢竟人生的一切最終都會一一離我而去，若是沒有足夠的能力承受命運，則苦樂無法操之於己，又怎能算是成熟的人呢？

對於人世間種種艱困難解的悲劇，若我們能試著了解人性的軟弱與高貴、認清社會的真實與虛偽、體察信仰的深度與奧祕，我們將變得更加成熟。有能力正視悲劇而不再迷惑，則我們跨出去的每一步都會很踏實，清楚知道自己活著，並且活得有意義。

如何在生命的「量」裡，使生命的「質」增加？這是人生的重要任務。

延伸思考

1. 是否覺得自己的日子過得很矛盾、空虛或無聊呢？是否曾試圖解決這些問題呢？
2. 期望追求怎麼樣的人生？什麼是最重要的目標？是考試分數、班級競賽名次、超炫超酷的手機、金錢、愛情、權力、知識，還是別的？
3. 最崇拜的人是誰？是因為他的事蹟、外在形象啟發了自己，或是其他因素？
4. 如果擁有一個超能力，能夠為這個世界做一件有意義的事，希望做什麼？為什麼？
5. 如果獻身於某種事業（如表演、音樂、體育、生意、政治、醫學等），就可以成為其中的佼佼者，那麼會選擇哪一種呢？如果知道自己只有十分之一的機會可能成功，還願意努力奮鬥嗎？

2 我，要何去何從？

第五把鑰匙

打一場人生的好牌

人生就像牌局，在玩牌的時候，我們每一個人手上都有一副牌，我們是玩牌的人，但是我們自己本身也是一副牌，也在被別人玩。這時，玩牌的人可能是命運，可能是上帝，也可能是整個社會裡一種無形的力量。所以我們既有一副牌，本身又是牌，那麼我們要如何設法協調兩者，讓自己能夠比較主動的、清醒的，把人生這副牌打得精采？

其實，真正成功的人生，不在於一開始就握有一副好牌，而是把一副壞牌打得可圈可點。沒有一個人的牌是全部好的，或是全部壞的。重點是，我們到底要如何掌握玩牌的關鍵？

首先要分析自己：我「有」多少東西？我「是」什麼樣的人？

「有」與「是」，兩者不同。

我所「有」的，並不代表我所「是」的；我所「是」的，也不一定就是我所「有」的。這兩個觀念，要怎樣分辨本末輕重？「我是」要重於、要勝過「我有」。你可以有許多東西，但是未必知道自己是誰。我們想要把人生這副牌打得好，不能不了解自己，惟有「自知之明」，利用自身優勢，才能抓住轉機、扭轉劣勢，取得最後勝利。

人生就像是一場無法逃避的考試，每一個人都必須提出自己的答案。

生命像一片天然的園地，讓人自行墾植，你可以使它繁花似錦，也可以任它荒蕪寂寥；生命更像一程必經的旅途，逼人邁步向前，你可以走出千山萬水，也可以落得無處容身。人對於生命是沒有選擇餘地的：你不能選擇何時生，並且在正常情況下也不能選擇何時死；你能選擇的只是「如何生」與「如何死」。

第六把鑰匙

讓自己不再對人生迷惘

生活中種種不愉快、不順心的事，都會讓我們覺得煩惱。一種可能是某些人樣樣比我強，對我造成很大的壓力，所以覺得煩惱；另一種是身邊都是比我差的人，使自己覺得英雄無用武之地，沒有表現的機會，也會覺得煩惱；還有一種是對自己不耐煩，覺得再怎麼做都是這個樣子，再怎麼想都差不多，長年窩在台灣這個小地方，看來看去都是如此，久而久之就認為自己只能做這麼些事情，然後覺得無法超越自己、突破自己的限制。

此外，有時我們也對這個世界感到沮喪，日復一日，年復一年都有不斷的天災人禍，歷史的悲劇總是重複的上演。

當一個人對別人、對自己，乃至對整個社會、整個世界都覺得厭煩的話，恐怕就會出問題了。這個問題往往不在外頭，而在自己內心。是因為沒有找到一個自己可以託付的理想。這理想應是大家都肯定其價值的。若理想是只有自己喜歡，卻得不到他人的肯定，那就難免被孤立了。

每個人在成長的過程中都會有一種渴望，渴望自己的潛能得以實現。綜觀社會上的一些傑出人物，可以發現「自我實現者」具備一些共通的特色：

一、有能力洞察生活。自我實現者的ＥＱ很高，因此能夠清楚分辨客觀事實與主觀願望，不會使自己的情緒受到影響。

二、是非分明，態度謙虛。自我實現者可以清楚地

判斷何者為是、何者為非，並且不會驕縱傲慢。

三、專注於自身的職責。自我實現者知道可以藉由工作實現自我，找到生命的意義，於是認真面對工作，因此在工作上的表現往往都很出色。

四、表現創造性與自發性。自我實現者具有敏銳而新鮮的觀察力，可以注意到別人所看不到的細節，並由此激發創意與靈感。至於自發性方面，則表現在他們能夠自己尋找生活和工作的動機，做起事來就會心甘情願、充滿動力，並且堅持下去。

五、很少自我衝突，生命充滿活力。自我實現者深知「人不是完美的」，所以他們不會「跟自己過不去」，接受自己所犯的錯，並給自己機會重新開始，因此生命充滿了活力。

能夠達到「自我實現」的人，通常是心靈健康的

人，他們能夠用詼諧、親切的態度，對待周遭的人、事、物。人是群體的動物，需要父母養育、家庭庇護，在學校有老師與同學的互動，人是注定離不開團體的。在團體中便要尋求他人的肯定，加上自己的努力配合，如此才能踏實生活，不再陷於迷惘之中。

除了自我以外，你不能將希望寄託在另一個不是你的人或事物上。

我們所做的，比我們能做的少得多，比我們想做的更是少之又少。

第七把鑰匙

找到人生的道路

人的一生雖然有長有短，但是客觀的衡量並未說明時間對一個人的意義。有人無所事事，有人忙碌不堪。前者須靠殺時間來過日子，後者則以搶時間來安排生活。現代人日益走上第二條路，流行「無事忙」，結果由忙而盲，由盲而茫。

來到人生這一遭，總要問自己往何處去？所為何來？而你關心什麼，就會以它為中心，進而找到生命的意義與價值。

我在台大有很多學生，其中不少優秀的青年。有時候問他們：「你們

認為人生的意義是什麼？」他們回答說：「賺錢！」實在令人洩氣。

賺錢雖好，但不是目的，只是一個手段。賺錢之後要過什麼生活，那才是目的。賺錢之後不能一人獨享，也要希望別人跟我一樣享福。如果找到人生的目的，便會念茲在茲，成為自己生活的重心，以之為標準，知道應該如何做，做什麼。

我們常常以信仰來建構一個人的生命空間。如果有了信仰，不論什麼宗教，可以讓自己掌握宇宙人生的真相。信仰往往告訴我們，做好事可以升天堂，可以得到好報。當我們相信它，便會全力以赴。這是生命空間。我們可能有很大的生存空間，很寬廣的生活空間，但除非掌握真正的生命空間，否則活著不一定會快樂。我們要找到自己真正相信、真正關心的目標，然後不斷奮鬥，去實現它。只有在這個前提下，才能找到生命的正確道路。

第八把鑰匙

考驗，促進我們深思

卡繆在《西齊弗斯神話》中，談到諸神為了懲罰西齊弗斯，命他推滾巨石上山，但是巨石一到山頂就滾回山腳，因此西齊弗斯永遠在受推石的苦刑。諸神認為：最可怕的刑罰是讓人去做一件永遠無法完成的事。的確如此，我們日復一日，周而復始，年復一年，在世間謀生活，情形似乎與西齊弗斯相去不遠。

人如何應付呢？有兩種極端的方法：一是迷迷糊糊的過日子，不去思索這種處境；二是以清醒的意識，認知自己的命運，接受它。

人生充滿了考驗，每一個考驗都是刺激我們去思索人生的一次機會。心理學家認為，一個人在遭遇困難時，便會進一步去思考自己身處的立場。正如爬山時，當我們走到一處懸崖絕境，便會想：到底為什麼走到這地方來？接下來我該去哪裡？

因此當生命碰到關鍵的時候，就會去反省。生病的時後，特別會想到健康的可貴；年紀漸長時，更能懂得珍惜生命。發現自己得了絕症時，才會思索自己這一生到底做了些什麼。

當日子平平淡淡時，我們一天過一天，浪費時間，既不充實自己，也不培養審美情操及提升人格；若是被醫生宣布只剩三個月可活，也許從那時起，才格外珍惜每一天，甚至每一分、每一秒，認真思考人生意義的問題。

此外，當我們在心理上碰到考驗、誘惑、掙扎時，就會思考到底是要堅持自己的原則，或者隨波逐流。當生活安適、沒有困難時，不會去思考這些問題，但人遲早會碰到困難的。碰到困難時，沒有關係，「知過能改，善莫大焉。」未來的路還很長，重要的是，要去思考，去反省。否則一錯再錯，久而久之，覺得世間多一個或少一個我也無所謂，那就不好了。

每一個人都只能活這麼一生，每一個人都是獨特的，父母養育我們，怎能不珍惜生命，任意糟蹋呢？就算過去在許多方面做得不盡理想，但是還有未來，還有希望，這是很重要的信念。雖然人生中的種種挫折和失敗令人沮喪，但是只要尋找失敗與挫折的原因，一定還能再站起來！

第九把鑰匙

自我需建立在價值觀之上

在這個思想與價值混亂的時代，往往使得普世人類的價值觀被扭曲，社會上充斥著耍嘴皮、是非曲直不分的言論。你說真的，他說是假。誰對誰錯？要回答之前，必須先問誰在決定對錯的標準。那麼，這個「誰」的決定權又是由何而來？你說是善，他說是惡；也可以作同樣的質疑。久而久之，何必多談價值？大家都把目光轉向赤裸裸的現實，而現實的操縱因素不是金錢與權力嗎？「強權即是公理」這句希臘時代的口號，難道竟有永恆的真理？

如果需要舉例，那麼美國前總統柯林頓的性醜聞案正提供了鮮明的證據。美國百姓說：「只要能把經濟搞好，總統個人的私生活不在我的考慮之列。」這是第一步，在利益掛帥的前提下，什麼都不在乎。人變成經濟的動物，只要吃飽喝足，不必談任何價值或理想。因此也很自然的會走向下一步：以金錢為唯一價值。而金錢是「由外取得」的，那麼何不巧取豪奪，各用心機，不擇手段？當大家對人間事物的判斷，都著眼於一個「利」字，以「利」來漂白及取代其他價值時，最後，連「利」也淪落為工具而已了。但是，有了工具或手段之後，試問：目標與理想是什麼？再回頭去找，已經蕩然無存了。

於是，當人們從「什麼都無妨」的心態，轉變為「看到什麼就是什麼」時，就全訴諸於自己當下的感受了。然而，感受是生滅不已的，緊接著浮現的很可能就是「憂鬱」。根據醫學界的統計，一九五五年以後出生的人，患有憂鬱症的可能性要比前一代人多三倍。這個分界線所指的是第二次世界大戰後出生及成長的人。他們雖無戰爭的威脅，在物質生活上也較為充裕，但是傳統所定的理想已經「隨風而逝」，剩下的是可以互相替換的「量化」的東西，卻少了比較堅實的「質的」成分。

畢卡索的畫有其啟示性，像是人類心靈的雷達站，在一九五〇年代已經預先見到恐怖的未來。他的後期畫作已經沒有主題或標題，而是以數字編號代替。主題是人所賦予的意義，編號則是「有東西在那兒」，但是說不清楚是什麼東西。人不也是這樣嗎？當一個人說「我」的時候，他清楚自己所指的是什麼嗎？他肯定自己與別人有何不同嗎？除了名字這個符號外，他真是堅實的自我嗎？

一個人自己犯了什麼錯之後，就特別容易以這種錯來衡量別人。

第十把鑰匙

認清目標

人生可以依年齡分為幾個階段，每個階段都有某些預定的目標。譬如學生念書，固然應該五育並重，但是升學考試則是較為明確的主要目標，以此作為求知成敗的憑證。學生時代若不想念書，身心發展又尚未成熟，即使想從事別的工作也難以得心應手。這時必須了解，所有的知識都有一定的用處，幫助我們認識宇宙、社會與人生，使我們發現自己的興趣與能力。

如果中學教育成功，學生可以琢磨出往後的大致方向，如繼續念書、

進入職校或準備就業等。踏出校門時，另一階段隨之開始，這時又需設定新的目標。舊的目標沒有達成，並不表示新的目標一定失敗。有些人英才早發，有些人大器晚成，不必過於執著一時的成敗。人間許多意念是自我的束縛，退一步看，或者往遠處看，常是海闊天空。

其次，目標要有持續性。西諺有云：「滾石不生苔。」一個人如果經常變換目標，總是嚮往別人的成就，卻不肯下功夫充實自己，最後恐怕一事無成，浪費了寶貴的生命。今天的社會越來越需要專業人才，如果在某一方面沒有長年的研究或訓練，就不易符合這種條件，導致高不成低不就。翻開任何一本偉人傳記，恆心與毅力都是經常出現的字眼，像「滴水可以穿石」一般，持續地朝向一個目標，總是更容易成功的。

目標的階段性與持續性可以並行不悖。譬如在中學、大學與就業，可以分別設定為：求得基本知識、深入研究與實際應用。而「學以致用」一語正可闡明三者之間的關聯。

不論我們曾選擇多少目標，不論我們曾堅持一個目標多久，終究會回到一個原點：我這一生究竟是為了什麼？這是在念書求學與謀職安身之時，尋求立命，追問生命的意義究竟何在。換句話說，人生的終極目標如果確立，其他一切目標才能各安其位，不然難免覺得自己像是陀螺一樣，始終在原地打轉，或像是飄蕩的浮萍，扎不了根。

終極目標可以統合自我與提升自我，如造福人群、報效國家、獻身於某一團體或志業，以及最根本的——培養完美人格。透過學習，讓自己用更開闊的視野看人生，培養更高尚的境界，雖然人生的際遇各有不同，但是認清自己的終極目標，必能讓自己的人生路走得更加篤定而踏實。

該做的事，做得自然；不該做的事，總覺得勉強。

第十一把鑰匙

分析人生的「三要」

回顧內心世界時，首先須分辨的就是「三要」：需要、想要、重要。

人的「需要」以維持生命的基本需求為主，因而是很有限的。以吃飯為例，我曾花二十九元吃一頓自助餐，也曾應邀享受一頓五千八的套餐，等於是前者的二百倍。前者是為了滿足生存的需要，後者則顯得浪費了。再就穿著而言，也是如

此，當代倡導簡樸生活的人，提出的構想是：「東西用到壞為止。」但是在經濟繁榮的社會裡，多少人願意如此？

「依需要而活，很少人覺得窮困；依想要而活，很少人覺得富足。」所謂「想要」，是指幻想受到刺激，產生層出不窮的欲望。消費主義主導著今日世界，商品廣告主宰著人們心靈。只要參考「信用卡」的宣傳，就知道問題的嚴重性，鼓勵沒有錢的人也可預先消費。廣告中的商品誘發了大家的想像力，使社會變得騷動，人心流於不安。看看那些房屋廣告，不像世外桃源嗎？３Ｃ產品又多

麼吸引人！名牌服飾成為品味的象徵！於是，人人努力賺錢，更努力花錢，終於使得自己的生命內涵成為金錢流通的管道。管道是中空的，正如欲望是無底洞一樣。

蘇格拉底談到快樂時，否決了藉物質欲望獲得滿足的想法，因為那正像是將水倒入會漏的篩子，永遠無法填滿。何況，欲望會使人越陷越深，難以回頭。這時必須省思：在各種「想要」中，什麼是重要的？人生固然不能沒有「想要」，它也帶起了生命的動力，但是如果未能分辨「重要」的部分，終究會感到茫然。

不過，一般人對「重要」的認識，往往受制於自身的狀況。生病的人說「健康最重要」，健康的人說「財富最重要」，有錢的人說「親情最重要」，好像並沒有標準答案。事實上，這一類答覆只是說出個人的匱乏。在人生「三要」中的「重要」，需思考的是自己願意以全副生命去追求的目標和理想。

對於自我的懷疑，源於「理想我」與「現實我」之間的張力；有張力，才能產生動力，使人朝著理想奮進。有懷疑，才會要求冒險，然後可以一再擴充生命的向度。

凡走過的，必留下足跡；凡奮鬥的，必經歷成長。

第十二把鑰匙

必須有目標與理想

什麼是人生中「重要」的部分呢？可從哲學觀點來分析。必要條件是指「沒有它，我活不下去」；充分條件是指「有了它，我才活得像我」。一個人有了健康、財富與親情，才可以活下去；但是擁有了這一切，卻未必可以活得像自己應該是的樣子。因此，人生必須有個目標與理想，來使日常生活展現特定的意義與價值。譬如，我們熟悉「不自由，毋寧死」這一宣示，其中肯定了人的特殊尊嚴不容抹煞；但是，下一步要問：「有了自由，要做什麼？」人之所以為人，不能光是活著，還須追問活著有什麼意義，而這正是「重要」所針對的題材。

事實上，人生就是探索及衡量「什麼是重要的？」這一問題的過程。由於並無標準答案，所以每一個人必須自行負責；然而，這並不表示可以靠主觀去認定，因為它畢竟仍有基本的特性，包括：不能物質化、不能數量化、不能具體化、必須與心靈的覺悟有關，並且必須由「自我獲取」走向「自我奉獻」，亦即從「自我中心」走向「自我超越」。

有一次，學生問我：「如果你喪失現在擁有的一切重要東西，你會怎麼辦？」我的回答是：「重要的未必是必要的。」他的意思是把重要的等同於「可欲的」，包括受人歡迎及尊敬等；我的意思則是：我可以失去外在的一切，但是絕不放棄自我的信念與意志。能捨去外在，才可得享內在。這是殘酷的考驗，不過也是永恆的真理。

人生像是充滿奧祕的旅程，等待我們去探尋。只要本著一顆真誠的心，勇敢地追求答案，最後總是不會失望的。「你們敲門，就會給你們開。」耶穌這句話使無數心靈獲得安慰與鼓勵。有時我們試過，卻仍然覺得四顧茫然，不知何去何從；請記住，這正是黎明前的黑暗，只要繼續堅持下去，曙光必定展現。

第十三把鑰匙

活出自己的人生哲學

今天清晨起來，陽光柔和，微風拂面。你順著人行道，往學校或公司的方向走，忽然看見前面一位老太太摔跤。這時你毫不猶豫地趨前扶她起來，還問她受傷沒有。

你為什麼這麼做？這個問題值得想一想，不要輕易回答：「因為我覺得應該」，或者「因為我高興」。

前幾天的一個清晨，天色昏暗，風強雨驟，你在同一條人行道上也瞥見有人摔跤，但是卻自顧撐著傘走過去了。為什麼同樣是你，卻有兩種相

反的待人態度？

難道是天氣影響你的心情，心情再決定你的行為？仔細反省一下，似乎不是如此單純。人的任何行為，背後都有一個信念作為預設。譬如，當我幫助別人時，我心中相信：人與人應該互相扶持，人類形成一個大家庭，人生是有意義的，別人會在我需要時伸出援手。反之，當我拒絕幫助別人時，我心中相信：人與人各自孤立，人類並無共同關懷，人生難免老死，我也無法逃避命運的擺布。問題是：你有時樂於助人，有時又拒絕助人，難道是在心中同時接受兩套相反的信念？如果是的話，你又如何認定自己是「一個人」呢？你怎能期望別人了解你？甚至，你了解自己嗎？

確立自己心中的基本信念之後，我們在人生道路上就可以免除許多不必要的困惑、徬徨、掙扎、挫折。氣候不能再影響我們，因為我們心中自有溫暖的陽光；環境不能再干擾我們，因為我們心中自有堅定的主張。我們可以開始活出真正的自我，不僅內外如一、表裡一致，而且始終清楚自己正在做什麼，以及為什麼這麼做。

由此看來，思想的功用真是偉大。人可以憑藉思想，突破有限的時間與空間，掌握自己內心的真我，亦即不受氣候、環境、人群所拘束的自我。這個自我，既有清楚的信念，又有明確的方向，因此一顰一笑、一舉手一投足、一言一行，都是非常真誠、非常踏實的。不僅如此，思想還能引領我們樹立風範，見賢思齊，使我們在面臨重大抉擇時，會去想一想：

若換了是孔子，是耶穌，是蘇格拉底，是佛陀，或是其他聖賢，處在我的情況時，又將如何決定行止？

如此念頭一轉，平平凡凡的人生就可能展現壯闊的波瀾。人生的每一分每一秒都值得珍惜，因為其中充滿了新的挑戰，等著你以新的精神去回應，從而開拓新的人生境界。

有人說：生活就是文化，生活就是教育。我們也可以說：生活就是哲學——不過還須加上一個小小的習慣，亦即思考。孟子肯定人的尊嚴，聲稱「人人有貴於己者，弗思耳矣。」只要養成思考的習慣，生活的品質自然會隨之提高，生命的內涵也將更為充實。

世界充滿密碼，等著我們去參悟；人生的奧妙，必須自己去體驗。只要有開放的胸懷與易感的心靈，任何人都可以成為藝術家，在生命的畫布上留下異彩。當我們在人生的旅途上感到徬徨時，何不凝神靜聽自己「心內的鼓聲」——就是這種節奏，這種僅僅對我一個人有意義的節奏——於是我應該邁開步伐，迎上前去。

延伸思考

1. 在自己的人生過程中，有什麼事是最讓自己感恩的呢？
2. 人生價值觀有高下之分嗎？如果有，什麼樣的價值觀是上等、什麼是下等？
3. 當參加一次重要的考試，題目很難，如果有機會作弊而不會被發現，會作弊嗎？
4. 如果看到隔壁班的幾個同學，聯合欺侮一個弱小的同學，會採取什麼行動嗎？如果欺侮的人當中包括好朋友，態度會改變嗎？
5. 如果把人生比喻作一趟「旅程」，認為怎麼樣才算是理想的人生旅程？

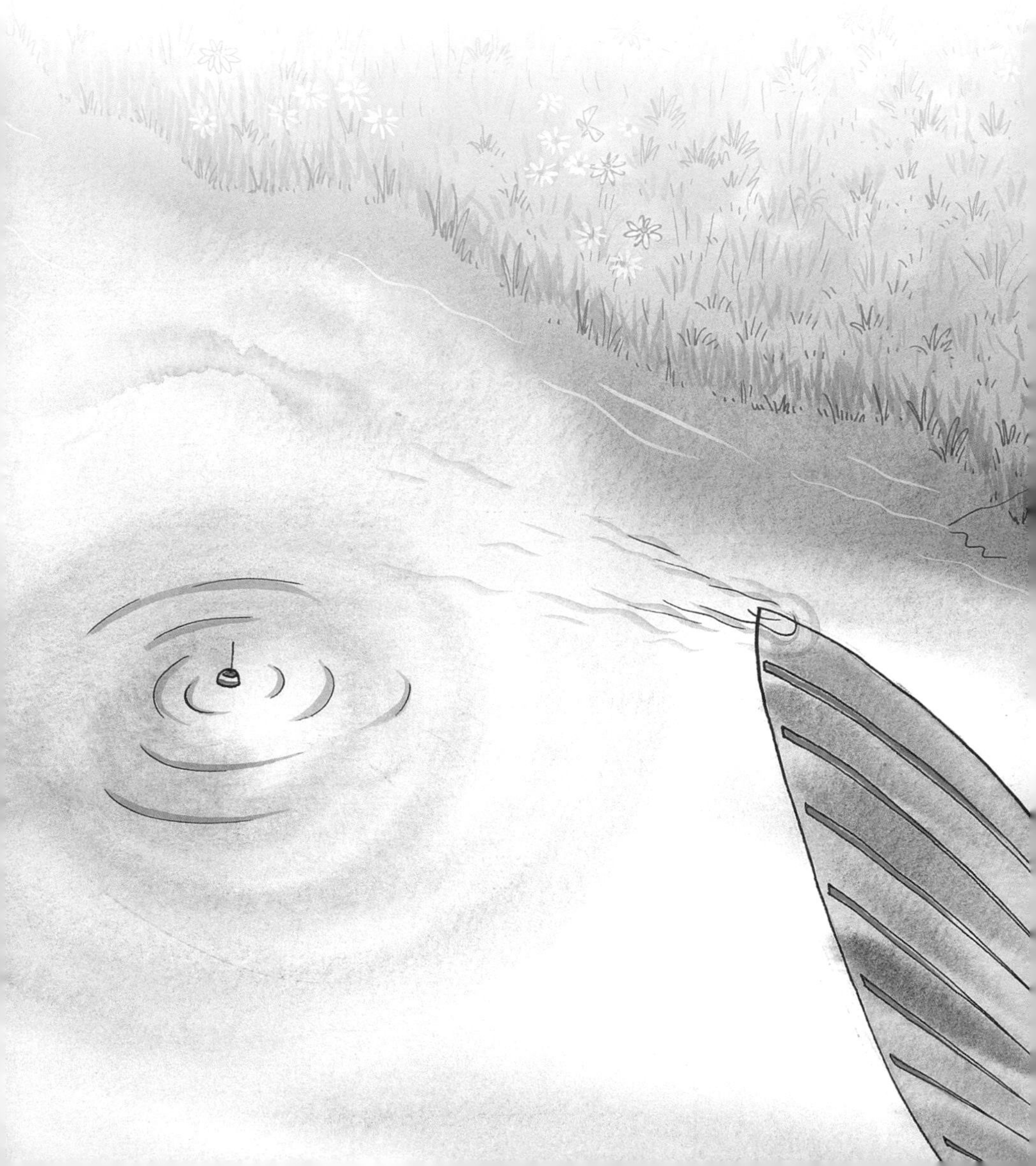

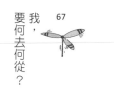

3 怎麼看死亡和自殺？

第十四把鑰匙

用正確角度看無常人生

「是非成敗轉頭空」，這七個字頗能表達我們偶爾對人生所興起的感觸。翻開史書，多少英雄豪傑，叱吒風雲，不可一世，但數十載後也終將如過眼雲煙、化為塵土。怎能不令人感嘆？

感嘆人生的無常，並不完全出自無奈的悲愁，相反的，它可能出自人心對幸福的追求與對永恆的嚮往。哲學家努力辨明人性的這種需要，建構各色各樣的理想國，助人安頓身心。宗教家則超越無常的網羅之上，打通生前死後，引人走向不朽的樂土。可惜的是，現代人對哲學存著懷疑的眼光，對宗教抱著利用的心態，因而陷於變幻無已的現實世界，無法解開內心深處的愁結。如果人生無常、萬物皆空，那麼在面臨困境危局時，何不乾脆自尋了斷？

有人以為「自殺」表示「看破了」，其實那正是「看錯了」。因為，自殺者往往執著於一個意念——想不開，然後所見人間一切都成為灰色，無一人值得留戀，亦無一人留戀自己。如果活著與否並無差別，又何必承受痛苦呢？這個想不開的意念，就像眼睛前面的一塊小小硬幣，遮住了所有的陽光。這樣的黑暗是自己造成的。

給自己一點時間，因為時間是最好的醫生，能夠撫平任何創傷。或者換個空間，讓新的環境為自己解開舊的意念。在考慮自殺前，請先想一想：這個世界上，有

沒有人會因為我自殺而傷心呢？只要有一個人會傷心難過，就不應該為了自己解脫而自殺。這無異於是把自己的快樂（假定「解脫痛苦」是一種快樂的話）建立在別人的痛苦上。這不是自私的行為嗎？

有些人認為自殺是勇敢的表現，事實上，活下去並且努力解決困

難，才是真正的勇者。死亡只有一句可能的描述，就是「逃避」；活著卻有千百種可能性，永遠有著不一樣的明天。

千萬不要選擇自殺！因為那將使自己完全沒有翻本的機會。如果真要「看破」，就設法看破自己對意念的執著，移開眼睛前面的蔽障，看陽光普照大地。許多自殺者以為自己是嚴肅的，但若真正嚴肅的面對生命，又怎能走入取消生命的結果？這還是矛盾，還是想不開。

人應該知道的是：「為何而生」與「為何而死」。

人應該決定的是：如何生存下去？

如果到了必須決定如何而死時，則不能不作重於泰山與輕於鴻毛的考慮。

正確的覺悟使人一方面珍惜自我，同時又能掙脫自我心中的牢籠：使人在體察世間無常空幻的面貌時，不致迷失自己，同時更要肯定自己是創造新價值的基礎。如果人間不夠光明，讓我們來燃燒自己！

看得破，才能生大智慧；放得下，才能成大善果。

看得破，是指釐清心中的欲念，使自己不受沾滯，不被牽絆。

「看得破」，真是談何容易。然而，更難的卻是「放得下」。看得破，才能產生定見與遠見；放得下，就能化除我執，以無我的精神入世，行其所當行。這兩方面的道理並不算複雜，也不難理解，但是卻必須在生活上歷練體驗，才會得到領悟。這與《論語》所云「學而時習之」的主張大致相符，只要用心嘗試，也能體會其中的興味了！

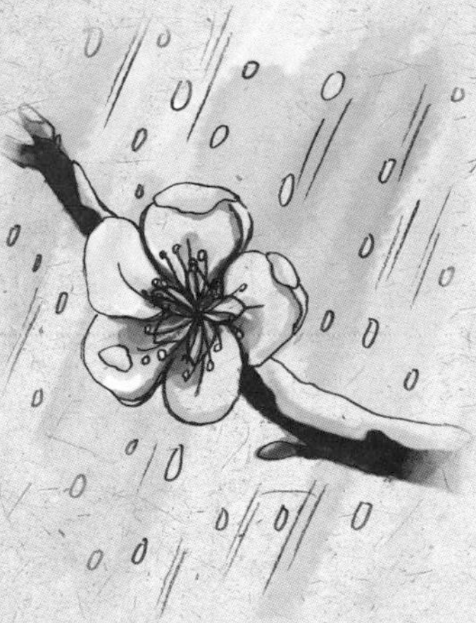

第十五把鑰匙

不因誤解而自殺

在各項死因中，自殺是最難預測而無從防範的。雖然防範自殺是不大可能的任務，但我們還是要從觀念上解析這個現象，說明自殺是出於誤解。誤解有三：一、以為人生是快樂的；二、以為情感是公平的；三、以為自殺可以解決問題。

首先，人生是快樂的嗎？在回答這個問題之前，要先認清快樂與痛苦是兩種並存的可能狀態。快樂到某一程度，可能樂極生悲；痛苦到了頂點，往往會否極泰來。換言之，快樂與痛苦代表兩端，人生的歷練與修養，正是要我們由「苦多樂少」走向「苦少樂多」。因此，快樂時，善加珍惜，並且心懷感恩；痛苦時，默默承受，並且增強實力。如果遇上了痛苦，又沒有學會教訓，或領悟某些道理，那豈不是雙重損失嗎？

具體而言，快樂往往來自「心想事成」，由欲望是否達成來決定。因此，欲望愈多愈強的人，愈不易快樂。所有的欲望中，又以涉及情感者最為複雜，而自殺者的理由也以情感困擾最為難解。

在情感的互動上，大致的模式是：

開始時心甘情願，到了後來就會要求公平，希望自己的付出得到適當的回饋。但是，如何回饋才算適當？這個問題除了當事人自己，沒有人可以代為回答。即使是當事人，也未必知道這個「適當」的底線何在，因為情感的本質是一直在變化的。往好處講，人間情感（包括親情、友情、愛情）需要不斷滋潤或耕耘，由此顯示活潑的動力；往壞處講，情感的品質也會像逆水行舟，不進則退。情感雙方要想維持同樣的熱度與情意，自然很不容易，至於漸趨冷淡或甚至移情變心之事，也就所在多有了。情感世界極為豐富，但是不能以「公平」來考量。這個說法雖然殘酷，但依然有效。因此，人之用情，何不多問自己是否心甘情願呢？又何必為了本來就不公平的事而輕生呢？

那麼，自殺可以解決問題嗎？人有理性，可以選擇任何方法來化解自己的難題。因此，如果自殺算是一種方法，則它所化解的不是自己的「難題」，而是「自己」這個主體的生命。世間還有比這種行為更大的誤解嗎？原來是要救助自己的，結果卻消滅了自己。自殺者常說自己「看透了」，其實卻是「看錯了」。可惜這種看錯的後果，是連修正或改過的機會都沒有了。

求生是人的本能，不僅希望活下去，更希望活得愉快。「活得愉快」是一件奇妙的任務，名位權利無法保證它，心念一轉，卻可以豁然開朗。那麼，如何使心念轉得正確呢？

答案是，我們必須在生命中發現更深刻的意義。「意義」是指一種價值感，肯定我們在變化生滅的人間，可以體現較為永恆的理想，如知識、藝術、道德等。生命成為過程，並提供條件，在一個人實現自我的同時，也造就了更美好的世界。隱含在背後的，則是宗教情懷。相信人生有一目的，可以作為我們的「終極關懷」，使我們為之生、為之死。

有關懷才有意義，因此人生不能沒有關懷。若無關懷，則已陷入莊子所謂的「哀莫大於心死」，甚至雖生猶死。反之，有些人雖死猶生，因此他們的關懷既深且廣，他們證明了生命的價值與人格的尊嚴。

什麼是生命的真義？什麼又是真正的成功？生命絕不能像表面所見的：「生命如太陽，升起又落下」，否則一切努力豈不歸於徒然？人生難免一死，但是死亡本身不是壞事。印度詩哲泰戈爾說得好：「死的印記，給生命的錢幣以價值，使它能夠用生命去購買那真正的寶物。」如果善用生命，就能化解人間仇怨，點燃愛的火炬，使和平溫馨的祝福洋溢大地。如此，即使面對死亡，我們也有信心高唱凱旋之歌。

第十六把鑰匙

化解自殺的壓力

有些人自殺未遂之後，向人表示「活著真好」！世間唯一因失敗而慶幸的事，大概就是自殺了。理由很簡單，自殺若是成功，則不僅無法慶幸，連要抱怨也沒有機會了。

抱怨其實是生活中常見的習慣。平凡的人為了小小的不順利而抱怨，譬如商人抱怨景氣差，生意不好；政治領袖抱怨執政的時機不對，以致政績不易展現。抱怨多了，可能會忘記感恩，就是：無論如何，自己依然平安。並且，抱怨容易造成悲觀的性格。至於由此影響人際關係，則是不難想像的。

英國有一句俚語：「如果養成凡事都看樂觀面的習慣，其利益將勝過年薪百萬。」誰不喜歡錢多？但是，錢多未必保證快樂。探討人生觀或價值觀時，我們不能忽略金錢觀。金錢是滿足欲望的工具，欲望愈大愈多，對金錢的需求也會增加。反之，若是懂得調節或紓解欲望，則金錢的作用隨之降低，最後可能變得可有可無。如果凡事都看「樂觀的一面」，就像口袋裡有一塊錢時，會說「還有一塊錢」而不說「只剩一塊錢」，那麼自己的心情不是很容易開朗嗎？

因此，若想減輕自殺的威脅，就須找出自己的抱怨是什麼，再由抱怨的對象，省思自己的欲望是否太多。一般而言，為錢而自殺的人，往往是在「人際關係」方面陷於困境時，渴望抓住金錢這最後一塊浮板或最後一線希望。我們有時看到電視新聞所描述的非洲難民，真不了解他們如何在「赤貧」的情況下繼續生存。不過，窮歸窮，一家人緊緊團聚在一起的畫面，也許正是答案所在。

相反的，許多先進國家在生活的富裕程度上令人羨慕，但是國民的自殺率卻居高不下。由此可知，金錢與欲望是相對的，不足以決定我們對生命的態度。事實上，美國紐約曾經作過一項調查，結果發現「有錢人自殺的，竟高於沒錢的人。」

那麼，問題出在什麼地方？出在找不到人生的意義。

德國文學家歌德表示：他要對抗的是「無意義」，就是「當早晨張開眼睛，卻覺得沒有事情值得去做的沉重負擔」。

人生可以做的事很多，但是這些事「值得去做」嗎？誰能回答這個問題？一件事是否值得去做，往往是相當主觀的，因此我們不能等待別人來為我們決定，而須自己先想清楚。譬如，一個人年輕時可能吝於付出自己的時間與金錢，但是到了退休以後，忽然想通了，就可能去醫院擔任志工，或者捐錢給慈善團體。

在考慮什麼事「值得去做」時，在意這件事「對我有什麼好處」或者「我可以獲得什麼」，一切斤斤計較，以自我的得失來判斷的話，最後總是難免抱怨或後悔。對歌德而言，他所想的是「天生我才必有用」，他關心的是如何「付出」，發揮自己最大的天賦才能，而不是如何「收穫」。

心理學家指出，一個人只有在「被需要」的時候，才能肯定自己的「重要」。所謂「被需要」，就是找到自己在群體中可以發揮及貢獻的途徑。心隨念轉，能由這樣的角度來省思自己的生命意義，又怎麼會落入自殺的陷阱呢？

一個人活在世上總要留些雪泥鴻爪，否則何苦白白走這一遭呢？

靈魂是人的本質，靈魂是不朽的，而死亡的只是身體而已。活著的時候不必為那會死的身體過度操心，卻須為那永存的靈魂積聚品德，行善避惡。

死亡從不選年齡，它常使人措手不及。我們只能預備接受死亡隨時來臨，而無法主動選擇死亡的方式。「善其生者，乃所以善其死也」。因此我們平常就得做好自己該做的事，總要使自己了無遺憾。

對一個有宗教信仰的人來說，死亡是不足為患的。譬如某些原始初民，視死亡為「甬道」的觀念，就是通過死亡走向另一境界。生命並未消失，而是轉化提升。至於另一境界，則有賴宗教來回答。但是，未有不善度此生而能安抵來生者。

延伸思考

1. 想過自殺嗎？是否認為自己的生命只要自己作主就夠了？
2. 如果每個人都主張「只要我喜歡，有什麼不可以？」這個世界會變成什麼樣子？
3. 若知道自己只能再活一個月，會改變對家人、朋友的態度嗎？
4. 如果只剩一天的生命，最想見什麼人？想對他說什麼話？為他做什麼事？
5. 希望過個什麼樣的人生？生命結束後，希望人們用哪些形容詞來描述自己的一生？

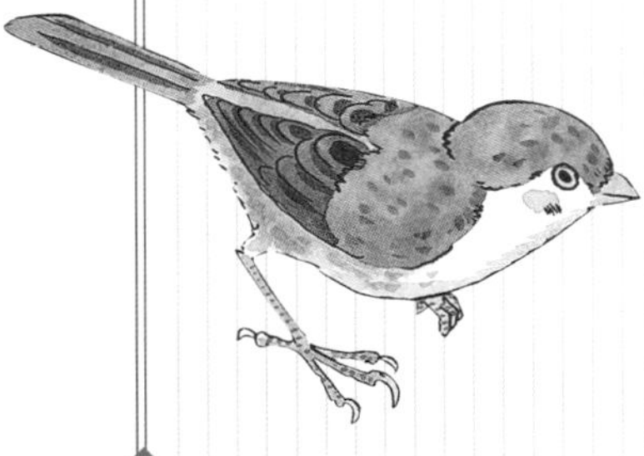

4 怎樣的愛才是真愛？

第十七把鑰匙

選對理想的伴侶

愛情是人生中美好的事物。與理想的伴侶共度人生，生命將因此而更豐富。如何選擇理想的伴侶呢？一般考慮的條件不外乎：外貌、智慧（含言談舉止、思想水準）、才幹（含積極進取）、修養（含體貼、溫柔、性情）、志趣（含興趣、學歷、宗教信仰）。修養是不可或缺的，像體貼與溫柔，當然是愛情的催化劑，麻煩的是，修養可以偽裝，在兩情相悅時，大家都是紳士淑女，一旦遇上考驗，恐怕就會變成冤家聚頭。因此，我一向認為「志趣」才是擇偶的第一條件。所謂志趣，就是志向與興趣，表現為一個人「希望什麼，關懷什麼，相信什麼」。希望是對於未來的憧憬，關懷是對於現在的承受，相信則是對於生命意義的終極安頓。

一個人可以有許多希望與關懷，也可能接受不同的信念，這些東西混雜在一起，連自己也搞不清楚，並且在平常的日子裡，也似乎沒有必要去弄清楚。一旦開始戀愛，日子就變得不平常了。吃不吃飯、睡不睡覺，都無所謂了；月亮與星星，居然令人百看不厭：「海枯石爛、地老天荒」這些自己平常也不相信的話，卻說得十分自然。這時難免使人懷疑：談戀愛的人是不是瘋了？

柏拉圖說得好：「愛是神聖的瘋狂。」「神聖」二字用得漂亮。為什麼？因為「愛」使人擺脫一切俗世的掛念，讓真正的自我呈現出來。在戀愛時，一個人變得純真、負責、熱情，充滿理想與遠景，而這正是他的原始面貌。人原本應該如此。因此，這種瘋狂是神聖的，它使人超越變遷無已的現象世界，領悟永恆完美的本體世界。

「領悟」是必要的。愛人互相照亮對方，使雙方的希望、關懷與信念清晰展現，然後試問「我倆志趣是否相投」。有人說「愛情是盲目的」，那完全是因為焦點模糊所造成的。如果焦點擺在志趣上面，則愛情的光芒是亮麗無比的。許多人在愛情中獲得鼓勵與指引，步上充實圓滿的一生；然而，也有不少人迷失在愛的路上，令人扼腕。

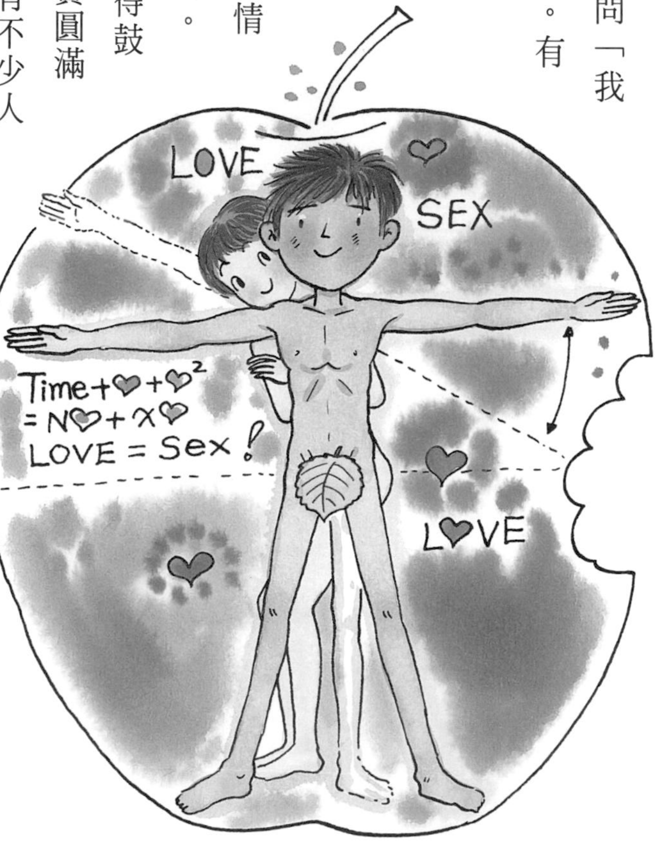

具體的建議呢？在選擇伴侶時，除了志趣之外，還有三點值得考慮，就是看看對方是否具備傻氣、義氣與勇氣。傻氣就是忠厚老實，不要斤斤計較利害得失，不然很可能把愛情與婚姻當成「手段」，以謀得個人的名利權位。義氣就是俠士精神，可以共富貴也可以共貧賤，不然難免「大難來時各自逃」，又談什麼理想伴侶？在今天這個時代，義氣不是男性專利，女性也照樣需要。至於勇氣，則是戀愛成功的首因，自作多情往往可以奏效。我們常說「被愛是幸福的」，事實上呢？要看「被誰愛」？與其讓別人來愛我，不如我主動出擊，選擇自己的理想伴侶。這裡我還是引用大家熟知的一句話作為結語：「選擇你所愛的，愛你所選擇的。」

愛是犧牲，但是這種犧牲不是扼殺自我，而是開拓自我。

第十八把鑰匙

認識對方的真相

人與人之間最深刻的關係之一，恐怕是兩位陌生男女由相逢、相識、相愛，到結為連理了。夫妻互相認識的程度，不是局外人所能想像的；但是結婚多年之後，偶爾會迸出下面的話：「想不到你是這樣的人！」「我到現在才算認識你的真面目！」這些話可能是在生氣時說的，但是其中未必沒有道理。原因十分簡單：人是會變的。那麼，會變的東西又如何能有真相呢？因此，更正確的說法是：人有不變的真相與會變的外貌。認識一個人的真相，並不容易。古人說：「人之相交，貴在知心」，

「相識滿天下，知交有幾人？」可見一般人對於認識真相是十分嚮往與十分需要的。

但是，「人」的真相又要如何去認識呢？這個問題大概是沒有標準答案的。我個人喜歡採用「自由想像法」與「價值界定法」。所謂「自由想像法」，就是先把一個人的所有特色列出，像身高、體重、家世、性格、學問、專長、財富、地位、名聲等，然後自由想像：刪除某一樣特色，他還是他嗎？如此，一樣一樣刪除，直到不可刪除的特色，那就是他的本質了。但是，一個人不可刪除的部分往往不只一樣，因此還需要採用「價值界定法」。

所謂「價值界定法」，就是要了解一個人對於事物的本末輕重的看法。譬如，他對愛情、事業、家庭、子女、權力、功名、利祿等，究竟有何優先順序？更重要的是，什麼是他的一生目標？亦即，他的終極關懷是什麼？了解一個人的終極關懷，就等於認識他潛藏心底、恆存不改、永不褪色的真相。

有慧眼，才能識英雄；是好漢，才會相惺惜。我們若想認識英雄好漢，必須自己先有超凡的胸襟與眼光，否則難免失之交臂。我們若想擁有天長地久的心靈伴侶，必須先對彼此的本質有深切的了解。因此，我們在認識別人的真相之前，首先要認識自己的真相，就是要認清：我是誰？我正在做什麼？我做的對不對？為什麼？

愛是必須付出才能得到的。愛之得到，往往就在付出之中。愛是甜蜜的負擔。

「幸福」往往被視為理想的狀態，好像擺脫了一切壓力。這樣的幸福其實並不存在。真正的幸福必有自我擔負，亦即肯定自我在某些方面的責任與期許。離開了責任與期許，幸福是空洞的。

第十九把鑰匙

認清「偽裝的自愛」

沒有人是孤島，也沒有人不需要愛。從小到大，我們接納、享受、體驗、製造、付出各種形式的愛。我們生活在愛之中，卻不一定明白什麼是愛。以結婚為例，結婚是愛的成果、愛的結晶、愛的明證，更是無窮新愛的據點。

但是我們也曾聽說：「婚姻是愛情的墳墓」，「婚姻像一道牆，牆外的人想進來，牆內的人想出去」。

究竟真相如何？假使「因誤會而結合，因了解而分離」是許多怨偶的藉口，那麼，首先應該辨明的是：誤會與了解的根本因素何在？是否我們對愛的意義曲解了、錯認了，甚至茫無所知？

愛是人與人之間最深刻的情感，我們應該對它抱什麼態度呢？心理學家佛洛姆在《愛的藝術》一書中，主張愛應該是「關懷、了解、負責、容忍」的綜合體。這種看法要比「愛是犧牲，不是占有」更為積極廣闊，也比「愛是不必說抱歉」更為明確落實。

愛不是個人主觀的愉快感受。愛往往帶給人生理上、心理上、精神上的快感，但是愛的焦點應該落於對方身上，否則很容易淪為偽裝的自愛。有些人因為無法排遣寂寞才去愛人，有些人為了滿足自我影像才去愛人，也有些人出自本能需要才去愛人。但是，真愛有時與人的自我需要及愉快感受背道而馳。愛是必須付出，才能得到的。愛是一種甜蜜的負擔。

第二十把鑰匙

愛不是施予

愛之得到往往就在付出之中。愛的焦點應放在對方身上，但是我們也應該體認：愛不是施恩。

施恩包括贈與對方財貨名位與提供對方服務效勞。施恩是善意的表示，但它往往附帶目的，像為了表現自己的權力與虛榮、為了博取俗世的名聲，或者純粹出自主觀的樂趣。問題是：施恩往往缺乏人與人之間的親和感與互通性。愛，當然包括施恩的行為，但是它的先決條件是「有益於對方的人格」。中國人認為，父母給子女萬貫家財，不如讓他們學得一技之長，以便立足於社會。假使把愛錯認為施恩，對子女有求必應，養成子女事事依賴的習慣，正是「愛之適足以害之」。

近年來，獨生子與獨生女越來越多，家庭教育的問題也日趨嚴重。一方面，父母對子女的管教缺乏統一的原則，有時隨著大人的情緒而時鬆時緊，有時又順著小孩的反應而放棄立場。至

於祖孫相處的例子也不少，造成許多「恃寵而驕」的小孩，在家中任性妄為，上學之後滋生事端。這種種令人憂心的問題，全與錯認愛為施恩有關。

愛，應該有更高的目的與更遠的見識。柏拉圖雖然終身未婚，但是頗能了解真愛。他主張：愛是一種統合作用，把兩個半人合成一個全人；同時，愛還有提升作用，互相以對方的真正利益為目標。真正利益是「善」與「美」。希臘人以美善合體為基本理想，而愛總是增長對方的形體之美與心靈之美。

這種目的，光靠單方面的施恩是不可能達成的。施恩只是外在表現；愛的內在動機必須出自深遠的見識：知道人生的真正終向，亦即真正的美善是什麼。以父母對子女的愛為例，父母不僅要設法讓子女學得一技之長，成為有用的人，還應該讓他們明辨是非、行善避惡、確定人生方向、完成自我實現。

施恩的最大弊端，是把人與人之間的關係簡化為「施」與「受」兩個極點。施者提供有形或無形的資助，但是他的主體可能置身事外，並未真正介入——這不能算是愛。受者久而久之養成不勞而獲，甚至妄圖僥倖的心理，他的主體由於缺乏主動的回應而逐漸喪失負責的觀念與獨立的人格。被愛原來是幸福的；但是一個人始終處在被施恩、被溺愛的地位而不能主動回應的話，恐怕還是痛苦的吧！

有多少愛，就有多少力量；有多少力量，就有多少愛。

幸福的最大障礙，往往不是別人，而是自己。

第二十一把鑰匙

愛而無憾

在傳統教育下，我們從小開始，就把一些話藏在心裡，因不知道該不該說，又怕說了之後，結果不像自己所預期的。於是，喜歡一個人，反而與他保持距離；討厭一個人，卻又裝得若無其事。

表面上，這樣可以維持人際關係的平衡與和諧，但是自己內心的掙扎也加劇了。我們常在等待適當的時機，以便坦白說出自己對他人的感激、懷念、欣賞、愛慕，或者對他人的不滿、討厭、鄙視、痛恨。但是這種時機可能永遠不會出現，直到你發覺自己走到生命的終點，再不說就來不及了。

為了避免造成遺憾，我建議：好話立刻就說，因為任何時機都是合宜的，也許對方已經期待好久了。至於壞話，不妨再等等，因為對方也許會改過遷善。不然的話，自己的心胸與眼界也可能變得更寬廣，不願再去計較了。

生命走到終點而毫無遺憾，實在是有福的人。

當我們成為情感波動的奴隸，陷於喜怒哀樂之中的時候，正是因為「未曾明白事理」。如果認真去思考，不難發現天下萬象都是「事有必至，理有必然」，在因緣果網之中層層鎖定。

第二十二把鑰匙

認識愛的真諦

相愛的人總想尋求合一，像同甘共苦、同進退、共生死時，都是基本的默契。但是，光靠合一或認同，不能算是真愛。因為，愛必須讓彼此保有自由、獨立與個性。愛必須成全人的自我，而非泯除或消蝕人的自我。合一認同往往要求一方或雙方做極大的犧牲，結果反而喪失了原來雙方互相愛慕的相異之處。這種現象在年輕的戀人或夫妻身上，並不少見。真愛是「你中有我，我中有你」，不可與「你就是我，我就是你」相混淆。

其次，愛不是價值判斷。有些人的愛源自對方的家世、學問或人品。這些價值固然都是可取的，但是愛不會停留其上，因為愛的本質是動態的、超越的，總在追求更完美的境界。事實上，前面那些價值是由愛所照亮的，像「情人眼裡出西施」一樣。假使愛是那些價值的副產品，那麼愛不僅廉價，而且善變，可以斤斤計較了。愛不是理智所能盤算的，數學公式或經濟眼光對於相愛的人是完全無效的。「因為我愛他，所以他可愛」，這句話是一切曾經愛過與正在愛中的人都會體驗到的。

愛不是同情，同情往往是被動的，由於耳聞目睹令人感動之事，而興起憐憫之心；愛卻是主動的與自發的。譬如我們同情病人、窮人，但是只有在進一步關心「這個」病人、「那個」窮人時，才有愛可言。

愛不只是興趣相投，興趣相投的人可以組織俱樂部或參加共同社團；一旦興趣改變，即可退出。然而，愛是不必也不能說再見的，因為相愛的人永不分開，他們的心靈永遠同在。真正的愛往往可以突破死生之隔、幽明之際，地老天荒，此情不渝。

德國哲人謝勒說：「愛創造了新的價值。」愛像一把鑰匙，讓我們打開對方的價值領域，使許多隱而不顯的價值朗朗呈現。但是我們必須留意，不要把自己心中的理想形象投射到對方身上，要求對方改進。因為這樣做並不是為對方創造新價值，而是為了滿足自己的欲望。

真愛能夠照亮對方的理想自我。愛能夠使一個罪人相信自己有改過遷善的可能，因為愛照亮了他的理想本質，使他發覺自己尚有可愛之處，尚有更高價值可以展現。

延伸思考

1.如果能得到心目中最理想的情人，但條件是完全聽命於他（她），願意嗎？

2.人為什麼要結婚？如何才能維繫幸福的婚姻？

3.同學中，有人喜歡炫耀自己愛情的「進度」嗎？怎麼看待這種事？

4.有句話說：「精誠所至，金石為開。」這種鍥而不捨的態度，也適用在愛情上嗎？

5.真正的愛是不是對方應為我們而改變，做我們期望的事呢？

6.如果未婚夫（妻）發生車禍，導致半身不遂。仍然會與他結婚，還是選擇離開他？

5 一切都是命中注定嗎？

ABOUT LIFE

第二十三把鑰匙

幫自己算命

現代人在享受更多自由的同時，「不確定感」也迅速升高。長期處於不確定的情況中，心理狀態難免苦多樂少，以致必須向外求援。

在台灣社會，如果詢問一般人如何化解類似的困擾，那麼最普遍的答案就是算命。根據一項調查顯示，國人中有高達六成七的人認為「算命、星座、風水不但有趣，而且可以提供生活方向」。電視中的占星命理節目，也總能吸引觀眾的興趣。

算命是個或然率的問題，在因果關係的制約下，未來可以根據大環境

（社會的客觀形勢）、小環境（個人的具體狀況），以及主觀願望與期許，來進行一定範圍內的預測。預測的結果是所謂的「準或不準」。如果不準，可以解釋為其他因素的干預，從小人暗中加害，到自己德行有虧，都是常見的說詞。但是，算命的目的不正是為了算出這些不太明朗的「其他因素」嗎？

人的心理很容易接受暗示，並由此產生聯想。算命的結果，會引導人朝著特定的方向前去，走著走著自然就走出了一條路，然後便以為那兒本來就有一條路等著自己。如果缺少這類的暗示，我們可能這裡走走那裡走走。從這個角度來看，算命很像催眠作用，讓人覺得自己可以如何、應該如何。即使事情的發展並未符合預測時，也會以一廂情願的方式抱定「該是我的，遲早總會來到」，或者認為「命中的安排，不是我現在可以明白的」。

那麼，到底有沒有「命定」這回事呢？只要轉變時間上的焦點，不難得到答案。譬如，我們站在「現在」這一點上，回顧過去（包括歷史上的一切事件，以及個人的各種遭遇），立即可以察覺：過去的都是命定的，因為已經沒有改變的餘地。相反的，我們能否站在「未來」的某一點上回顧現在呢？理論上應該可以。既然如此，比較積極的主張是：先為自己勾畫一幅未來的藍圖，再認真思考需要什麼條件及步驟，才有可能實現這一藍圖。想通了這一點，就不必再猶豫，立刻動手培養這些條件，並且採取這些步驟。與其每隔一年半載就求教於算命，不如自己作一個比較踏實的生涯規劃。

換個角度說，即使算命是一種無害的遊戲，我們也須認清：自己的人生不是虛擬實境，不能重新來過。與其相信算命而幻想一個美好的未來，不如把握現在，讓每一天都活得充實些。

西方人批評命運論者時，喜歡這樣詢問：「張三

既然相信一切都是命中注定，他在過馬路時為什麼也要停下來等紅燈呢？」因為若是他命不該絕，車子怎麼開也不會撞到他；若是他難逃一劫，閉門家中坐照樣會出事。由此可見，即使算命，也須小心翼翼，提高警覺。但是，如此一來，又何必過於相信算命呢？

我自己並不否定算命之類的事，但是認為「僅供參考而已」。我所抱持的觀點是：性格造就命運，因此要想改變命運，應先改善性格。而改善性格的方法，自然是以修德與讀書為上策了。

第二十四把鑰匙

作命運的主宰者

以前曾聽老人家說過：「窮算命，富燒香。」意思是：人在窮困的處境中，總喜歡算命，想要知道什麼時候可以轉運；等到經濟形勢變好，手邊錢財寬裕時，就燒香拜佛謝恩去了。

如果算了命而無法改運，那麼知道未來的遭遇又有何益處呢？何況世事變化多端，人的吉與凶、禍與福，常常是如影隨形、一腳前一腳後出現的，誰又能永遠站在「益處」這一頭呢？換言之，即使得到了人人羨慕的益處，也須認真考慮兩個問題：一是如何持盈保泰，不要讓鐘擺盪到另

一邊；二是如何使這些益處與自己的快樂聯繫起來。而這第二點顯然是個挑戰。

天下沒有普遍的快樂標準。譬如，如果有人主張賺錢是快樂的，接著就須辨明賺多少錢才會快樂？是賺錢的過程使你快樂，還是具體的成果使你快樂？如果大家都同意這種主張，最後有沒有可能人人滿意呢？這個世界自古以來都是貧富不均的。全部都富的話，無異於全部都貧。若是某些地區或國家較富，而貧與富的差距太大的話，世界難免陷於動亂之中，最後是大家一起受苦。

焦點縮小到個人身上。若是少數人富裕，他們就會快樂嗎？我們窮人不知富人的煩惱。有了錢就要花，不然何必有錢？花錢時，無可避免的會賠上自己的時間與精力；不但如此，如果過度疼惜自己或放縱自己，最後還是會遇到麻煩。古人所謂「欲不可縱，縱欲則傷身」，「樂不可極，樂極則生悲」；試問富人與窮人這兩者，誰比較可能陷於「傷身」及「生悲」的困境？於是，金錢所帶來的反而是痛苦了。誰說賺錢一定是快樂的呢？

算命的價值觀必定是依據世俗標準來定的，並且只論短暫的效益而不考慮長期後果。所謂世俗標準，不外乎妻（含男女感情）、財、子（指子女後代）、祿（步步高升）。所謂短暫效益，就是眼前所盼望獲得的。問題在於，就算今天心想事成，明天呢？今天的成功與快樂，很可能埋下了日後失敗、痛苦、煩惱的種子。為了達到常保安康，還是要由「改造自我」著手。從觀念開始，建立一套比較完整

也比較健康的人生觀。其中的首要原則就是：不論自己的遭遇如何，都要設法「自得其樂」。

人生是要自己去「活」的，怎麼能夠交給別人去「算」呢？如果一切都有定數，再算又有什麼用呢？如果一切仍有彈性，就要靠自己去把握與體會。在自己的心中認真耕耘，種什麼樹就會結什麼果。心念一轉，自己就是命運的主人，何必請教算命先生呢？

人生是緊緊握在自己手中的，我們若是無法完全決定自己的命運，至少我們可以決定自己面對命運時的態度。

人的命運，神祕莫測、複雜難解。那麼孔子所謂「不知命，無以為君子」又是什麼意思呢？難道孔子鼓勵我們去算命嗎？實則，命有兩個涵義：一為命運；一為使命。重要的是使命，亦即知道生命的意義在於成己成人，然後選擇正確的人生途徑。至於命運，則難免歸結於「凡人皆有死」，窮達順逆終如過眼雲煙。人的價值與尊嚴，並不由命運決定，而由他對自身使命的體認與實踐來決定。

第二十五把鑰匙

超越平庸的法寶

改善社會最好的辦法，就是透過各種形式的教育，讓每一個人自立自強，然後整個社會自然會更加進步繁榮。俗話說得好：「給人一條魚，讓他一天不餓；教人如何釣魚，讓他終身不餓。」即使是鍾愛子女的父母，也都知道「萬貫家財不如一技在身」。讓人透過「內發的」獨立自足，才是開展個人生命，並解決現實世界貧窮、飢餓與災禍的根本辦法。

「內發」激勵人發揮潛能，因為人性是注定要創造發展、超越平庸的。

超越平庸的法寶之一，即是想像力。一般而言，我們無法想像那些我們無法辨成的事。希爾在《思考與致富》一書中說：「凡是人心所能理解、所能相信的，他就能達成。」我們對未來的成就若有想像的能力，則相對的也應該有實踐的能力。任何一項科學上的發明，莫不都是從想像開始，經過無數次的實驗，終於大功告成。人類社會的進步，也多半是靠那些勇於想像的人去設計、修正、策動的。至於個人的成敗，自然也與想像力密切相關。

成功的人往往是富於想像力的。公司招考新職員，總會問問：你現在能做什麼？你將來希望做什麼？希望越高，表示動機越強，內發的潛力也越可觀。假使一個人所希望的就是眼前的職業的話，那麼他再繼續學習與進步的可能性就很有限了。固定的職業、固定的工作環境、固定的薪水、固定的生活方式，久而久之便會使人產生安逸之感。但是，在這種安逸之感的背後，恐怕會有一種隱隱的懷疑：難道我的能力、我的才智、我的期望、我的想像，僅限於此嗎？我是否浪費了一些什麼？我是否可以表現得更卓越？

卡通專家齊給說道：「所謂安全感，就是知道明天會發生什麼事。但是假使知道後天會發生什麼事，就難免使人感覺厭煩了。」事實上，明天後天都尚未來臨，誰又能知道什麼事會發生呢？但是安全感與厭煩感卻可能是一項徵兆，表示內在的自我在催促我們不要止於平庸，要繼續開創更卓越的人生。

只要一個人盡其在我，那麼命運的窮達順逆，不僅無法妨礙他之成為完人，卻反而正是激發他的人性潛能之大好機會。

只要人有勇氣承受命運的威脅與壓力，他就在承受的過程中超越了命運。

第二十六把鑰匙

不要做白日夢

「想像力」是幫助人超越平庸的法寶；但是有一種與想像力性質相近而效果完全不同的東西，叫做「白日夢」。

對讀書人來說，最典型的白日夢就是「書中自有黃金屋；書中自有顏如玉；書中自有千鍾粟」這三句話。這三句話並非全屬虛構，但是讀書人以它們作為目標的話，恐怕就選錯行了。白日夢的問題不僅如此，它真正嚴重的後果，是讓人產生被動的心態，幻想著有朝一日自己將如何風光、如何得意；至於眼前的工作，最好能把它忘記。這種做法就是「守株待兔」，甚至連「守株」都算不上，只能算是逃避現實。

我們希望某人注意，或希望某事發生，最好的辦法是自己迎上前去。我們希望這個世界接納自己，首先要讓它發現我們是誰，在哪裡，以及我們所具備的價值。最可悲的狀況是，一個人一生都在等待他的船回來，但事實上他根本不曾把船開出去。

有些人浪費生命，是因為他覺得自己不該成功。「爸爸說我笨手笨腳，媽媽說我專出紕漏，太太說我沒有出息；像我這樣的人，怎麼可能成功呢？」類似的情形到處可見，造成許多人甘於平庸的心理，美其名為「謙虛」。

但是，謙虛並不表示甘於平庸，更不表示浪費生命。真正的謙虛，是承認不管自己做任何事，這些事都還有可能做得更妥當。真正的謙虛，是明白自己在現世的生命是短暫的，然後肯定別人有同樣的權利來做自己所做的事。

那麼，我們還等待什麼呢？

「明天」是一個誘人的名詞。一個人若是像電影《亂世佳人》裡的費雯麗一樣飽受顛沛之苦，或許可以無奈地說：「明天再想吧！」但是一個願意為自己生命負責的人，卻應該「就從今日起！」

作家在寫出傑作以前，難免先有許多塗鴨之作；偉大的佈道家在成名以前，難免會有辭不達意的演講；因此我們不必要求自己「一舉成功」。既然在成功之前，難免經歷幾次不完美的試驗，那麼何不就從現在開始，

讓成功早日實現？寧可在嘗試中學習失敗的經驗，也不要坐困愁城、束手無策。

「昨天」是一張已經用過的無效的支票，「明天」是一張簽滿空幻承諾的便條，只有「今天」是實實在在握在我們手上，讓我們支配的時機。

還記得當年在成功嶺與衛武營受訓時，最喜歡惜的一首軍歌是：「莫等待，莫依賴，勝利絕不會天上掉下來……」每當唱到「自己的國家自己救，自己的道路自己開」，心中總是特別激動——因為那原本就是每一個人的心聲啊！

人生像個萬花筒，每一次看的結果都不同。

中國有句老話：「一命二運三風水，四積陰德五讀書」，就是強調：人若多積陰德，行善避惡，則心中自有福田，自然趨吉避凶；同時，多讀善書則可以變化氣質，心中自有定見與遠見。如此一來，命運風水亦隨之而轉，不會再讓人耿耿於懷了。

第二十七把鑰匙

認清性格，改造命運

西方哲學家談到人生時，蘇格拉底曾說過「沒有經過反省的生活，是不值得活的」，史賓諾莎建議人們「不要哭，不要笑，要理解」，卡繆則表示「幸福不是一切，人還有責任」。這三句話廣為傳誦，成為許多人的座右銘，正是因為其中含意發人深省。個人如果因而覺醒，將可導向更理想的人生態度。

筆者對於中西哲人的智慧，在口誦心維之際，也嘗試在生活中具體實踐。至於影響我最深的一句話，則是希臘哲人赫拉克利圖所說的：

「人的性格，就是他的命運」。

我在青年時期，難免覺得前途茫茫。哲學固然是我啟蒙以來的唯一所愛，但是哲學不是麵包，似乎也不能烘出麵包，那麼我要如何奉行中世紀所云「先吃飯，再談哲學」這句明智的訓言呢？吃飯若是沒有著落，哲學家肯定會陷於困境，甚至夭折的命運。

因此，當我讀到「人的性格，就是他的命運」時，先是覺得詫異，然後想起身邊許多朋友的遭遇，確實與他們各自的性格有關。性格包括性向與風格，性向是天生的，風格是後天培養的，這兩者之間關係密切。不過既然有後天培養的部分，就表示還有改變的餘地。我由此推知：若要改變自己的命運，就須改變自己的性格。

為了改變自己的性格，我努力學習，用心觀察，知過能改，從善如流；偶然也有一錯再錯的時候，但是至少不會迷迷糊糊，而是清楚明白自己錯在那裡，如何錯了，以及為何一再犯錯。犯錯之後，若是勇於承擔責任，並設法謀求補救，顯然比束手無策、後悔莫及要好。失敗了是一回事，從失敗中記取教訓則是另一回事。

久而久之，我可以比較完整地「認識自己」，知道自己的長處與短處。可以發揮的時候，全力出擊，求其盡善盡美；碰上自己的弱點，則謙虛藏拙，謹慎避之，省去製造困難的機會。

由於認識自己的性格，我可以坦然面對自己的命運。命運是什麼？是一個人不管願不願意，都會遭遇到的處境。其中含有許多無可奈何的成分，好像人的主觀能力無法發揮什麼作用。這個時候如果認識自己，就有兩種方法：一是接受命運，因為命運是由自己的性格所塑造成的，不能怨天尤人，只能默

默忍受；二是改造命運，既然命運與性格有關，那麼何不嘗試改善自己的性格，以便走向理想的未來？

改善自己的性格，其實正是「超越自己」；說得嚴重一點，是要「以今日之我與昨日之我挑戰」，甚至肯定「從前種種譬如昨日死，眼前種種譬如今日生」。當然，這樣做並非完全放棄自己的性格，而是以理性態度予以調適，藉此減少阻力，增加助力，達成自己預定的目標。

我必須承認，這句話改變了我的生命行程。說得玄妙一些，曾有精於算命的朋友，好意為我推演命盤，結果不得不坦承失敗，因為我的主觀意願與主動能力太強，說做就做，鍥而不捨，以致先天的命格一再發生變化，到達不易掌握的地步；或者即使掌握了，也不易測知未來發展；並且即使這些統統被掌握到之後，我仍然可以在相當大的程度上不受影響，保持「不以物喜，不以己悲」的態度。

人生是緊緊握在自己手中的，我們若是無法完全決定自己的命運，至少我們可以決定自己面對命運的態度。這不也是一種成功的人生嗎？

延伸思考

1. 你最難以改變的習慣是什麼？你曾試圖去改變嗎？
2. 如果可以回到過去，最想做什麼事？為什麼？
3. 當參加一次重要的考試，題目很難，如果有機會作弊而不會被發現，會作弊嗎？
4. 有沒有長久以來一直夢想要做的事？為何遲遲未開始做呢？
5. 人們說：「善有善報，惡有惡報。」我們不去做壞事，只是怕遭到惡報嗎？還是有其他原因？

6 我需要宗教嗎？

第二十八把鑰匙

找到人生的信念

如果你不曾孤獨，你就不曾有過信仰。我們有時候喜歡參與宗教團體辦的活動，比如參加基督教的校園團契，感受溫馨和諧的氣氛，但是那未必是真的信仰，因為參與的目的只是在尋求一種像俱樂部一樣的安慰。

真正的信仰一定是個人面對自己生命的整體，因為只有在孤獨的時候，才會去問自己的根本問題、整體問題與全面的問題。當參與團體活動的

時候，注意力就會分散了，需要注意別人的喜怒哀樂、別人的表情、別人的想法，要注意怎麼跟別人溝通、跟別人建立共識、怎麼樣對別人敏感，對自己恐怕就反而忽視了。

不要怕孤獨，孤獨是一個機會。但是，不能只把自己關閉在孤獨裡面，這是不對的；應該利用孤獨這個機會，發現自己生命的根本在哪裡。

我在學校教哲學，很多學生常常問我應該信什麼教。這個時候我絕不推銷信仰。宗教不能靠介紹。但我會問他幾個問題：

第一個問題：在自己生活周遭的人群裡面，有誰是最特別的，以至於看到他就非常嚮往，很欣賞他這種做人做事的風格？

如果欣賞這個人的話，就去問他信仰什麼。換句話說，要找出使他成為這樣一個人的祕密在哪裡，這是第一個途徑。要找到自己的信仰，不要去問，而是去看，看別人的行動，看在學校裡或者公司裡面、朋友裡面，有哪一個人是如此特別，讓別人一看就知道他有獨特的辨認、全盤的付託，感覺到他這種生命的熱力。然後再去問他：「你信仰什麼？

能不能告訴我，我再去尋找。」譬如這時他說我信的是孔子，很好，就設法去念四書五經；他說我信的是佛教，就設法去讀佛經；他說我信的是基督教，就設法去讀《聖經》吧。

第二點，要問自己：哪一種宗教裡面的象徵與符號對我是開顯的？「開顯」這兩個字很有意思，因為有很多事情是遮蔽的，我們以為自己有眼睛，但是不一定看得到，往往在我們把肉眼閉起來之後，心眼才會張開來。我們的肉眼看到的，往往是一種假象，是被有心人設計、扭曲、變造的。唯有真正用心去看、去聽，才能察覺真象是什麼。信仰也一樣，應該用心去看哪些符號象徵對自己是開顯的。

舉例來說，若從小生活在鄉下地方，家旁邊就是一座廟，看到這個廟迎神賽會的時候，感到很開心，因為那是整個村裡最快樂的一天，因此，這個廟在自己心中就成為一個象徵，充滿希望的象徵。長大之後，即使受到一些西方的教育，知道基督教、天主教不錯，但是卻感到格格不入。這個時候不要勉強，既然到廟裡去會覺得非常自在，那麼就去吧。

不要問這個宗教是真是假，而要問這種教義或儀式對自己是否開顯。對自己的心靈不開顯的話，再信也沒用，因為那是外加的。真理一定要自己用心開啟，看到它跟自己的心可以結合在一起，然後再設法去信。雖然每個教都不一樣，但是信仰宗教的人是差不多的，所以信仰一種宗教，到最後表現出來的行為與人生觀應該都很接近。因此，與其去追究那一個教是真的，還不如追究人跟人的差距在哪裡，我們要怎樣才能使個人的生命力量整個發揮出來？這將是比選擇宗教更重要的事。

宗教並非尋找真正信仰的唯一途徑，因為宗教是為人而設的。

我們相信的不是傳道者，而是他所傳的道。

接受某一信仰，固然可以讓人安頓身心，但是必須明白：信仰總是一種冒險，懷疑與順服之間的掙扎永遠存在；信仰也是一種照明，清楚界定人生之途，但是走不走以及如何走，則須落實在個人一點一滴的努力之中。

第二十九把鑰匙

宗教信仰讓生活有重心

社會上的公平正義不是我們想像中的好，這時候我們需要一個生存的理由。佛教告訴我們：「善有善報，惡有惡報，不是不報，時候未到。」佛教講輪迴，你要是相信，則無論別人如何不好，自己終能堅持行善的原則。若你相信基督教，人死後上帝要審判，則也能守誠行義。若你相信一貫道，也會告訴你如何盡自己做人的本分。

宗教是一個人精神上很大的安慰，但它不是逃避。心理學家佛洛伊德說：「宗教是心理上的枴杖」，馬克斯說：「宗教是人民的鴉片」，這些都只是一部分的現象，不是真正的道理，因為他們不能證明信仰宗教的人比不信宗教的人更脆弱。事實上，相反的，有宗教信仰的人往往更堅強。

宗教信仰能使你生活有一個重心，告訴你什麼該做，什麼不該做，要為什麼而犧牲？什麼犧牲是值得的？有了清楚的方向，便不至於隨波逐流。

因此，我們要為自己找一個生命的基礎，去認真的思考：我是誰？除了知道我是我過去所有經驗的結果之外，也需要知道自己的未來。我們要在穩固的基礎上，開發無窮盡的未來。

不要問一個宗教是真是假，卻要問它的教義與儀式是否對你開顯。

看待命運的局限，如果能夠自我安頓，則隨緣任運，也能自在。道德與宗教固然猶如無形的束縛，但其本意並非為了束縛人，而是為了給人指出成全與解脫的途徑。「沒有規矩，不能成方圓。」隨心所欲並非自由，只是任性；任性的結果往往只是茫然與憂鬱。其實，試著換個小小的習慣，培養一些生活情趣，或者練習從別人的眼光去看世界，則人生的視野，或許也將從此寬闊。

第三十把鑰匙

尋得身心安頓的途徑

人的生命如果想要安頓，最徹底的途徑是宗教信仰。理由很簡單，宗教可以明確回答生死問題，助人擺脫紛擾、無奈而瑣碎的現實生活。看看周圍的人在關心什麼，許多人生活漫無目標，或者為了淺陋的欲求而虛耗自己的生命。如果死亡終將結束一切，我們何必在乎生命的品質呢？

換個方向來看，是否也有許多人因獲得啟蒙，懷抱希望，進而虔誠信仰一種宗教呢？答案應該是肯定的。在此，可以由兩個角度去省思：一、人如何會有信仰？二、信仰如何改變人生？

信仰出現於生命的轉彎處。負面的情境製造了適當的機緣，於是各種失敗，像失業、失學、失戀、失意等，都會讓人感受「一切皆空」，人生並無穩固的立足點，加上最終還有死亡威脅，那麼我們去何處尋覓真正的保障？失敗者固然較為敏感，成功者也未必全無警覺。有些人在事業巔峰時，忽然頓悟一切皆屬虛幻，然後皈依了宗教。

奧古斯丁是一位世俗學者，有一天在自家花園中散步，聽到牆外小孩說話：「拿起來念！拿起來念！」他忽有靈感，拿起手邊《聖經》一念，竟是勸人度聖潔生活的一段，於是立即改變行事作風，矢志奉獻於宗教修行與傳道的工作，成為著名的聖徒。馬丁路德也有類似的經驗，有一天他在讀那不知讀了多少遍的《聖經》時，看到「我信罪過會得到赦免」，忽然覺悟「因信稱義」，明白一個人只要全心信靠神，就可以得救。於是他投身宗教改革運動，成為新教的核心人物。

因此，信徒擁有的是新生命。不論是基督徒還是佛教徒，一旦受洗或皈依，就成為新人，不能再像以前那樣生活了。問題在於，為什麼我們平日所見的宗教徒不一定都像是新人呢？原因之一是宗教本身的世俗化表現。譬如，宗教是社會上的一種組織與制度，為了生存與發展，難免要與世俗妥協，因此接受流行的價值觀，對達官顯貴與企業金主另眼相待，甚至奉為上賓。當宗教低估或忽視自己對社會邊緣人或不幸者的責任時，當宗教忘記自己的出世或超世性格時，信仰的靈光就黯淡了。

因此，在宗教與信仰之間不能畫上等號。信仰是人與超越界的關係，而超越界的重要作用之一即是「超越人的生死」，並且足以說明生命的意義。既然人注定會死，那麼生命有何意義？是超越界使這一切出現、維持、進展、結束。至於人與它（或祂）之間有何關係呢？因此，信仰不能離開個人體驗，更直接改變人的內心。宗教是保存信仰的團體所組成的，信仰是無形的本質所在。

有信仰的人活在希望裡，但是信徒若無法改頭換面，以出世精神做入世事業，則希望終究只是幻覺。要讓自己從信仰中活出生命，則要勤於拂拭世俗的塵埃，才能時時感受到信仰對自己所發生的作用。

只有行動才能證明信仰。

有些人相信「善有善報，惡有惡報」，於是為了福報而行善，忽略了福報的超世性，不明白「不是不報，時候未到」的道理，結果很容易淪入功利主義的陷阱，為了某種現實目的而相信宗教。於是，能滿足人世某種願望的廟宇，香火特別興盛，信徒把宗教當作現世報應的機構，讓宗教淪為「市場」，以百姓的需求與供應為其存在目的了。

真正的信徒，是藉著祈禱，凝聚心志，相信有一無比的力量在支撐他，但是他所求的一切是否值得，則需高明的宗教智慧來判斷。真正的宗教絕不會以現實世界裡的名利權位為人生值得追求的目標。耶穌告訴百姓，讓「凱撒的歸凱撒，上帝的歸上帝」；佛教也勸人像蓮花一樣，出汙泥而不染。因此，當我們接受「宗教勸人為善」的觀念時，首先要超越現世福報的念頭，否則心隨念轉，難免陷溺。

延伸思考

1. 俗話說：「舉頭三尺有神明。」認同這句話嗎？
2. 你有宗教信仰嗎？一個好的宗教，能帶給人什麼幫助？
3. 認識宗教信仰虔誠的人嗎？在他身上是否看到宗教的影響？
4. 人生無常，好人未必長命。為什麼還有人相信神、佛的存在？看法如何？
5. 有些人看待宗教，認為神明應當「有拜有保佑」、「有求必應」。認同嗎？宗教應帶有這種「交換條件」的性質嗎？

國家圖書館出版品預行編目資料

解開人生困惑的30把鑰匙／傅佩榮著.--初版.
--臺北市：幼獅, 2013.06
面；　公分. --（散文館；2）

ISBN 978-957-574-913-2（平裝）
1.成功法 2.生活指導

177.2　　　　102009025

·散文館002·

解開人生困惑的30把鑰匙

作　　者=傅佩榮
繪　　者=嚴凱信、張靖梅
出 版 者=幼獅文化事業股份有限公司
發 行 人=李鍾桂
總 經 理=王華金
總 編 輯=劉淑華
副總編輯=林碧琪
主　　編=林泊瑜
編　　輯=朱燕翔
美術編輯=張靖梅
封面繪圖=嚴凱信
總 公 司=10045 臺北市重慶南路1段66-1號3樓
電　　話=(02)2311-2832
傳　　真=(02)2311-5368
郵政劃撥=00033368

印　　刷=錦龍印刷實業股份有限公司
定　　價=220元
港　　幣=73元
初　　版=2013.06
六　　刷=2017.07
書　　號=986254

幼獅樂讀網
http://www.youth.com.tw
e-mail：customer@youth.com.tw
幼獅樂讀網
http://shopping.youth.com.tw

行政院新聞局核准登記證局版臺業字第0143號

幼獅文化公司／讀者服務卡／

感謝您購買幼獅公司出版的好書！
為提升服務品質與出版更優質的圖書，敬請撥冗填寫後（免貼郵票）擲寄本公司，或傳真（傳真電話02-23115368），我們將參考您的意見、分享您的觀點，出版更多的好書。並不定期提供您相關書訊、活動、特惠專案等。謝謝！

基本資料

姓名：………………先生／小姐

婚姻狀況：□已婚 □未婚　職業：□學生 □公教 □上班族 □家管 □其他

出生：民國………年………月………日

電話：（公）………（宅）………（手機）………

e-mail：………………

聯絡地址：………………

1.您所購買的書名：**解開人生困惑的30把鑰匙**

2.您通常以何種方式購書?：□1.書店買書 □2.網路購書 □3.傳真訂購 □4.郵局劃撥
（可複選）　□5.幼獅門市 □6.團體訂購 □7.其他

3.您是否曾買過幼獅其他出版品：□是，□1.圖書 □2.幼獅文藝 □3.幼獅少年
□否

4.您從何處得知本書訊息：□1.師長介紹 □2.朋友介紹 □3.幼獅少年雜誌
（可複選）　□4.幼獅文藝雜誌 □5.報章雜誌書評介紹………報
□6.DM傳單、海報 □7.書店 □8.廣播(　　　)
□9.電子報、edm □10.其他………

5.您喜歡本書的原因：□1.作者 □2.書名 □3.內容 □4.封面設計 □5.其他

6.您不喜歡本書的原因：□1.作者 □2.書名 □3.內容 □4.封面設計 □5.其他

7.您希望得知的出版訊息：□1.青少年讀物 □2.兒童讀物 □3.親子叢書
□4.教師充電系列 □5.其他

8.您覺得本書的價格：□1.偏高 □2.合理 □3.偏低

9.讀完本書後您覺得：□1.很有收穫 □2.有收穫 □3.收穫不多 □4.沒收穫

10.敬請推薦親友，共同加入我們的閱讀計畫，我們將適時寄送相關書訊，以豐富書香與心靈的空間：

(1)姓名………e-mail………電話………

(2)姓名………e-mail………電話………

(3)姓名………e-mail………電話………

11.您對本書或本公司的建議：

廣　告　回　信
臺北郵局登記證
臺北廣字第942號

請直接投郵　免貼郵票

10045 臺北市重慶南路一段66-1號3樓

幼獅文化事業股份有限公司

請沿虛線對折寄回

客服專線：02-23112832分機208　傳真：02-23115368
e-mail:customer@youth.com.tw
幼獅樂讀網http://www.youth.com.tw
幼獅購物網http://shopping.youth.com.tw

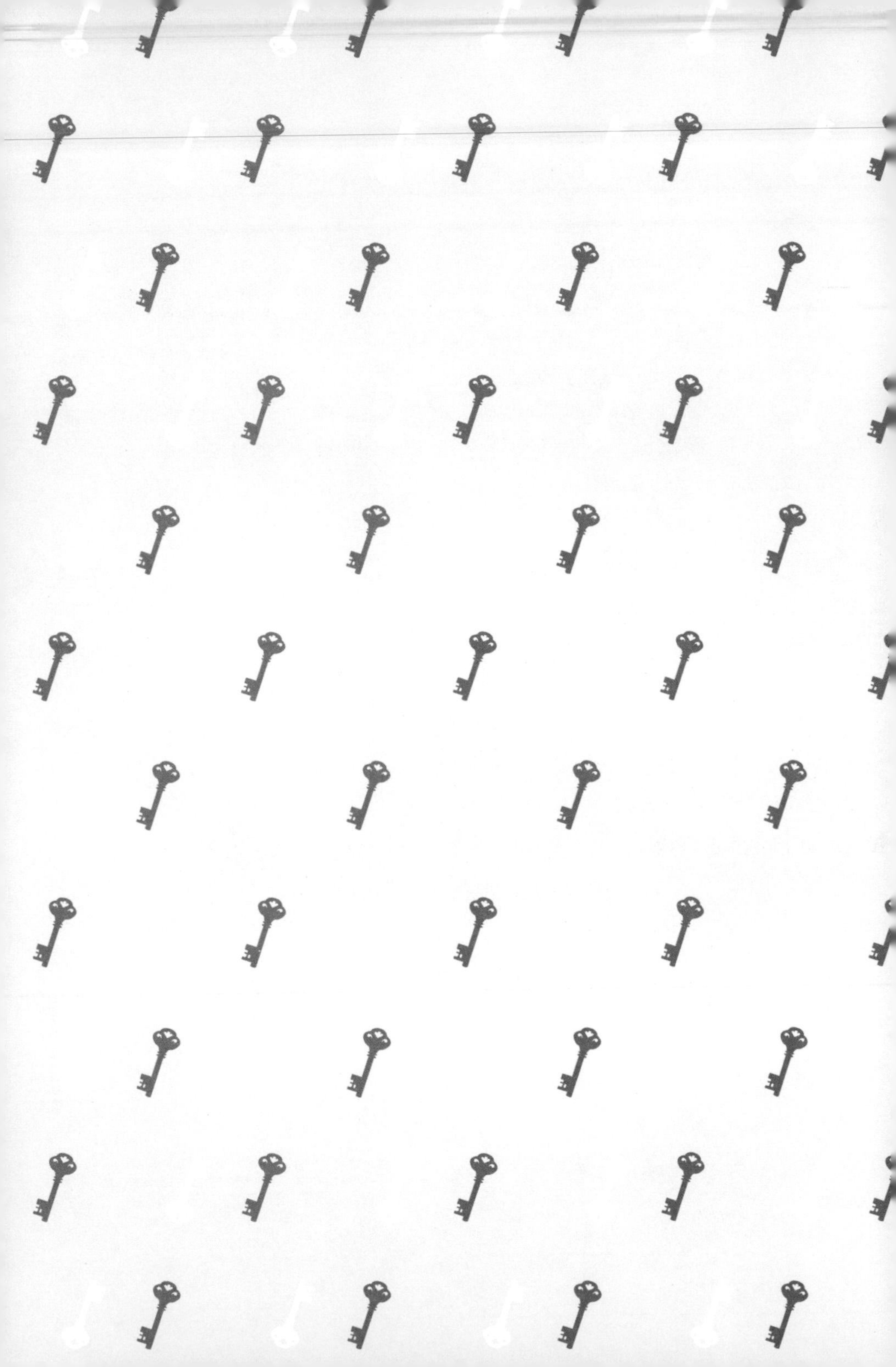

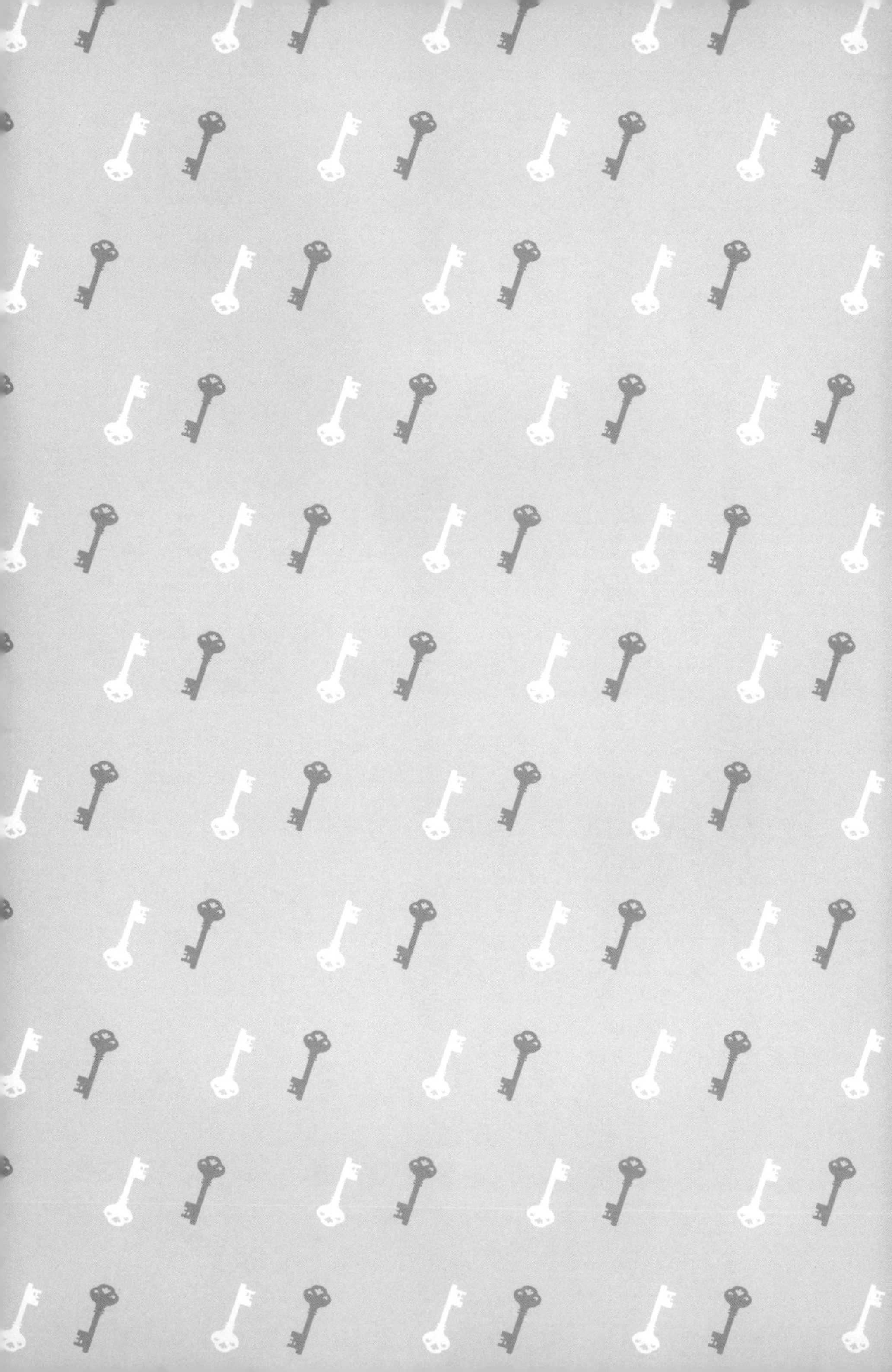